## HAFTUNGSAUSSCHLUSS

*Für dieses Buch erhebt der Autor nicht den Anspruch auf Vollständigkeit. Es ist als Hilfestellung für Neulinge im Bereich des Rechnungswesens oder auch für Auszubildende in kaufmännischen Berufen zu sehen. Auch ist das Buch nicht als Maßstab für die Gestaltung und Ausführung der eigenen, betrieblichen Buchführung anzusehen. Im Zweifelsfall sollte immer mit einem Steuerberater und/oder der Finanzverwaltung Kontakt aufgenommen werden. Die Namen von Personen und Unternehmen sind frei erfunden. Ähnlichkeiten mit dem Namen lebender oder verstorbener Personen sind nicht beabsichtigt.*

# Büromanagement (KBM)
## Kundenbeziehungsprozesse
## Lernfelder 6 + 10

### WOLF-DIETER SCHELLIN

Copyright © 2016 Wolf-Dieter Schellin

Korrektorat: Kristin Grauthoff

All rights reserved.

Herstellung und Verlag:
BoD – Books on Demand, Norderstedt

ISBN 9783739246598

Das Werk, einschließlich seiner Teile, ist urheberrechtlich geschützt. Jede Verwertung ist ohne Zustimmung des Verlages und des Autors unzulässig. Dies gilt insbesondere für die elektronische oder sonstige Vervielfältigung, Übersetzung, Verbreitung und öffentliche Zugänglichmachung.

Bibliografische Information der Deutschen Nationalbibliothek:
Die Deutsche Nationalbibliothek verzeichnet diese Publikation in der Deutschen Nationalbibliografie; detaillierte bibliografische Daten sind im Internet über http://dnb.d-nb.de abrufbar.

Das Arbeitsheft ist im Buchhandel unter der

**ISBN 9783739233888** erhältlich.

# Inhalt

Definition des „Rechnungswesens".................................................. 10

Grundlagen der Finanzbuchhaltung................................................ 10

Rechtsvorschriften............................................................................. 11

Unternehmensformen........................................................................ 12

Buchführungspflicht nach dem Handelsrecht.................................. 16

Buchführungspflicht nach dem Steuerrecht..................................... 16

Wer ist nicht buchführungspflichtig?................................................ 17

Die „Bücher" der Buchführung......................................................... 18

    Beispiele für Nebenbücher......................................................... 19

Grundsätze ordnungsgemäßer Buchführung.................................... 20

Eigen- und Fremdbelege.................................................................... 22

Inventur und Inventar........................................................................ 23

    Inventurarten................................................................................ 24

    Das Inventar.................................................................................. 25

    Beispiel-Inventar.......................................................................... 27

Das Eigenkapital und dessen Ermittlung......................................... 28

Die Bilanz............................................................................................ 30

    Der Aufbau – die Gliederung der Bilanz.................................. 31

    Werteveränderungen in der Bilanz............................................ 31

    Die doppelte Buchführung......................................................... 34

Auflösung der Bilanz in Konten ... 35

Buchen auf Aktiv- und Passivkonten mit Buchungssätzen ... 37

Anwendung von Grundbuch und Hauptbuch ... 40

Der zusammengesetzte Buchungssatz ... 42

Eröffnungs- und Schlussbilanzkonto ... 44

Erfolgskonten ... 45

Das Verbuchen des Verbrauchs an Stoffen und Waren ... 47

Umsatzsteuer ... 52

Steuersätze ... 57

Vorsteuer ... 61

Einfuhrumsatzsteuer ... 63

Innergemeinschaftlicher Handel ... 66

Einkauf von Waren innerhalb der EU ... 68

Verkauf von Waren innerhalb der EU ... 71

Umsatzsteuer und Privatentnahmen ... 73

Bezugskosten ... 79

Nachlässe beim Einkauf von Waren und Stoffen ... 82

Zahlungsarten ... 90

Skontofristen berechnen ... 92

Berechnung des Finanzierungsvorteils ... 93

Rücksendungen im Einkaufsbereich ... 96

Nachlässe ... 103

Anlagevermögen ... 111

Abschreibungsmethoden ... 120

Geringwertige Wirtschaftsgüter ... 126

Gewinn- und Verlustrechnung ... 131

Bilanzkennziffern ... 136

Die Handelskalkulation ... 145

Gliederung der Bilanz nach § 266 HGB ... 149

Die Aufgaben der Kosten- und Leistungsrechnung ... 154

Die Grundbegriffe der KLR ... 155

Aufwendungen – Kosten ... 156

Erträge/Erlöse – Leistungen ... 156

Die Rechnungskreise I. und II. ... 157

Die Ergebnistabelle ... 159

Neutrale Erträge ... 163

Neutrale Aufwendungen ... 166

Zinsaufwand und kalkulatorische Zinsen ... 169

Kalkulatorische Abschreibung ... 174

Kalkulatorische Miete ... 176

Kalkulatorischer Unternehmerlohn ... 177

Kalkulatorische Wagnisse ... 178

Das Betriebsergebnis und die Wirtschaftlichkeit ... 182

Kostenartenrechnung ... 183

Kostenstellenrechnung ............ 191
    Hauptkostenstelle Material ............ 192
    Hauptkostenstelle Fertigung ............ 192
    Hauptkostenstelle Verwaltung ............ 192
    Hauptkostenstelle Vertrieb ............ 193
    Zuordnung der Kosten zu den Kostenstellen ............ 193
    Der Betriebsabrechnungsbogen (BAB) ............ 194
    Gemeinkosten-Zuschlagsätze ............ 210

Kalkulation der Verkaufspreise ............ 214

Vorwärtskalkulation ............ 215

Differenzkalkulation ............ 218

Nachkalkulation ............ 222

Die Normalzuschlagsätze ............ 223

Die Ist-Zuschlagsätze ............ 224

Die Kostenüberdeckung und Kostenunterdeckung ............ 224

Die Deckungsbeitragsrechnung ............ 225

Der Break-even-Point (BEP) ............ 227

    Grafische Ermittlung des Break-even-Points ............ 228

Die Preisuntergrenzen ............ 232

Die Wirtschaftlichkeit von Zusatzaufträgen ............ 233

Gewinnoptimales Produktionsprogramm ............ 234

Bildnachweis ............ 257

Auszug aus dem Industriekontenrahmen .................................................. 238

Formular Umsatzsteuer-Voranmeldung 2016 ............................................ 240

Formular zur Jahres-Umsatzsteuererklärung 2015 ..................................... 242

Index/Stichwortverzeichnis ........................................................................ 246

Über das Buch ............................................................................................ 253

Über den Autor .......................................................................................... 253

Hilfreiche Links ......................................................................................... 253

Buchen Sie meine Webinare! ..................................................................... 254

# Teil I

# Buchführung
*Lernfeld 6*

**Definition des „Rechnungswesens"**

Das Rechnungswesen eines Betriebes setzt sich aus *verschiedenen Abteilungen*, bzw. Aufgabenbereichen zusammen. Abhängig von der Unternehmensgröße übernehmen diese Aufgaben ganze Arbeitsgruppen oder aber auch einzelne Mitarbeiterinnen und Mitarbeiter. Folgende Aufgabenbereiche zählen dazu:

- Finanzbuchhaltung
- Kosten- und Leistungsrechnung
- Statistik
- Planung


**Grundlagen der Finanzbuchhaltung**

Die Buchführung wird auch Finanzbuchhaltung genannt (kurz FIBU) und ist Bestandteil des Rechnungswesens. Sie gehört zum externen Rechnungswesen - die Vorgänge in der Finanz-buchhaltung sind gesetzlich geregelt, das Unternehmen hat somit in der Ausführung kaum Freiheiten.

- Feststellung von Vermögen und Schulden
- Dokumentierung aller Veränderungen von Vermögen und Schulden
- Ermittlung der betrieblichen Erfolge (Betriebserfolg und Unternehmenserfolg)
- Bereitstellung von Zahlen für die Preiskalkulation
- dient der innerbetrieblichen Kontrolle

# Rechtsvorschriften

- Einkommenssteuergesetz

Das Einkommensteuergesetz (EStG) regelt die Besteuerung der unterschiedlichen Formen an *Einkommen*. Zum Beispiel sind dies *Einkünfte aus nichtselbständiger Arbeit*, die Angestellte erzielen oder *Einkünfte aus Kapitalertrag*, die bei der Verzinsung von angelegtem Kapital anfallen, die bei der Verzinsung von angelegtem Kapital anfallen.

- Umsatzsteuergesetz und Durchführungsverordnung

Hierzu finden Sie umfangreiche Informationen auf den *Seiten 52ff.*

- Abgabenordnung

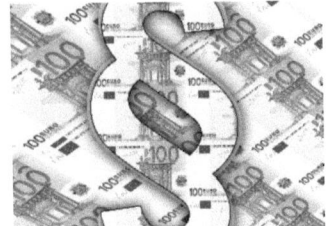

In der Abgabenordnung ist geregelt, welcher Steuerzahler mit welcher Frist seine Steuererklärungen abzugeben hat. Ebenso wird darin festgehalten, zu welchem Zeitpunkt die erklärten Steuern fällig sind und welche Strafen (Verzugszinsen, Verspätungs- und Säumniszuschläge) der Steuerpflichtige zu zahlen hat.

- GmbH – Gesetz

In diesem Gesetz sind alle die GmbH betreffenden Regularien verzeichnet. Die Haftungsbeschränkung bringt es mit sich, dass in dem Gesetz besonders auf die Rechte und Pflichten der Gesellschafter und der Geschäftsführer eingegangen wird.

- Aktiengesetz

- Publikationsgesetz

Dieses Gesetz regelt, bis zu welcher Zeit ein Unternehmen seinen Jahresabschluss im *Elektronischen Bundesanzeiger (eBanz)* veröffentlicht haben muss. Zudem sind dort auch die Strafen festgelegt, die Unternehmen zu zahlen haben, wenn die gesetzten Fristen und Nachfristen nicht eingehalten werden.

- Grundsätze ordnungsgemäßer Buchführung (GoB)

Auf diese Grundsätze gehe ich auf *Seite 20* dieses Buches ein.

**Unternehmensformen**

In Deutschland gibt es unterschiedliche Unternehmensformen. Zum einen unterscheiden sie sich in der Haftung und der Zusammenarbeit der Gesellschafter untereinander. Andererseits handeln in manchen Gesellschaften Anteilseigner als reine Kapitalgeber und sind nicht an der Geschäftsführung beteiligt. Im Folgenden gebe ich Ihnen ein paar Informationen zu den gängigsten Formen inländischer Gesellschaften.

*Deutsche Industrie*

GmbH – Gesellschaft mit beschränkter Haftung

Diese Gesellschaft kann von mindestens einem Gesellschafter gegründet werden. Sie haftet mit Ihrem Stammkapital, das mindestens € 25.000,00 betragen muss. Das Kapital kann in Barwerten oder aber auch in Form von *Sacheinlagen* eingebracht werden. Die Gesellschaft wird als Kapitalgesellschaft in der Abteilung B des Handelsregisters eingetragen. Die Gewinnverteilung erfolgt nach den Anteilen am Stammkapital.

KG – Kommanditgesellschaft

Hierbei handelt es sich um eine *Personengesellschaft*. Sie ist von mindestens zwei Gesellschaftern zu gründen. Der eine ist der *Komplementär*, der so genannte *Vollhafter*, der sowohl mit seinem Gesellschaftskapital, als auch mit seinem Privatvermögen für die Verbindlichkeiten der KG einsteht.

Der oder die anderen Gesellschafter sind die *Kommanditisten*, die *Teilhafter*, die nur mit ihrem Anteil am Gesellschaftskapital haften. Die KG wird in die Abteilung A des Handelsregisters eingetragen. Das Kapital der KG wird den Gesellschaftern mit 4% verzinst, der verbleibende Gewinn wird in einem angemessenen Verhältnis verteilt.

GmbH & Co. KG

Bei dieser Gesellschaft handelt es sich um eine Personengesellschaft, deren Eintragung somit in der Abteilung A des Handelsregisters erfolgt. Sie ist nahezu identisch mit der *Kommanditgesellschaft*, wobei es sich bei dem *Vollhafter* um eine *GmbH* handelt, die *Kommanditisten* jedoch natürliche Personen sind. Die Gewinnverteilung erfolgt wie bei der KG.

OHG – Offene Handelsgesellschaft

Die OHG wird als Personengesellschaft in die Abteilung A des Handelsregisters eingetragen. Sie muss von mindestens zwei Gesellschaftern gegründet werden. Alle Gesellschafter sind mit der Führung der Geschäfte betraut und haften gesamtschuldnerisch. Die Haftung aller Gesellschafter erstreckt sich im Bedarfsfall bis zum Privatvermögen. Entsprechend ihrem jeweiligen Anteil am Kapital erhalten die OHG-Gesellschafter eine 4%ige Verzinsung. Der Rest des Gewinnes wird *nach Köpfen* verteilt.

GbR – Gesellschaft bürgerlichen Rechts

Diese Gesellschaftsform ist der Zusammenschluss mehrerer natürlicher Personen. Der Gesetzgeber schreibt nichts zur Verteilung des GbR-Gewinnes vor. Vielmehr müssen sich die Gesellschafter auf einen Verteilungsschlüssel einigen. Die Gesellschaft wird nicht ins Handelsregister eingetragen.

*Quelle: Bundesamt für Statistik.
Die Erhebung stammt aus dem Jahr 2013.*

Einzelunternehmung

Die am häufigsten in Deutschland vorkommende Unternehmensform ist die „Einzelunternehmung". Natürliche Personen gründen ihr Unternehmen durch Gewerbeanmeldung beim zuständigen Ordnungsamt. Freiberufler hingegen müssen nur das zuständige Finanzamt informieren. Einzelunternehmer genießen keinerlei Haftungsbeschränkung und haften somit auch mit ihrem Privatvermögen.

**Die Pflicht zum Führen von Büchern**

Die Buchführungspflicht verlangt die Aufstellung von Jahresabschlüssen nach den Vorschriften des HGB. Diese enthalten mindestens Bilanz und Gewinn- und Verlust-Rechnung (GuV) → *Seite(n)131 + 149.*

**Buchführungspflicht nach dem Handelsrecht**
Kaufleute und freiwillig Bilanzierende unterliegen den Richtlinien des Handelsgesetzbuches.

§ 238 HGB schreibt vor, dass jeder Kaufmann im Sinne von § 1-7 HGB zur Buchführung verpflichtet ist und seine Vermögenslage und Geschäfte unter Berücksichtigung der Grundsätze ordnungsgemäßer Buchführung darzustellen hat.

Auch Unternehmen, deren Geschäftsvolumen einen in kaufmännischer Weise eingerichteten Geschäftsbetrieb erfordert oder die freiwillig im Handelsregister eingetragen sind, gelten als Kaufleute und müssen Bücher führen.

**Buchführungspflicht nach dem Steuerrecht**
Aus § 140 AO ergibt sich für alle, die aus anderen als steuerlichen Verpflichtungen Bücher führen müssen, die Verpflichtung, dieses auch für steuerliche Belange zu tun.

## Wer ist nicht buchführungspflichtig[1]?

§ 241a HGB nimmt Unternehmer, die in zwei aufeinander folgenden Geschäftsjahren nicht mehr als € 600.000 Umsatzerlöse und € 60.000 Jahresüberschuss aufweisen, von der Buchführungspflicht aus. Bei Überschreiten dieser Grenzen ergibt sich nach Aufforderung durch das Finanzamt eine so genannte originäre (grundlegende) Pflicht zur Buchführung - auch dann, wenn sich aus anderen Gründen keine Verpflichtung dazu ergibt.

§ 141 AO befreit Angehörige der so genannten freien Berufe von der Buchführungspflicht, es sei denn, das entsprechende Unternehmen ist eine Kapitalgesellschaft oder Handelsgesellschaft und somit als Formkaufmann anzusehen.

Buchführung hat neben außerbetrieblichen Funktionen auch einen innerbetrieblichen Nutzen, in dem der Unternehmer jederzeit einen guten Einblick in die Vermögensverhältnisse seines Betriebes hat. Durchaus macht Buchführung also auch auf freiwilliger Basis Sinn.

---

[1] *Gesetzesstand Januar 2016; Gesetzesänderungen sind zu berücksichtigen*

## Die „Bücher" der Buchführung

In jeder Buchhaltung werden *zwei Arten von Büchern* geführt:

- das *Grundbuch* zeichnet alle Buchungen in zeitlicher Reihenfolge auf,
- das *Hauptbuch* erfasst alle Buchungen nach sachlichen Gesichtspunkten auf den entsprechenden Konten.

Grundbuch Hier werden alle Geschäftsvorfälle in chronologischer Reihenfolge erfasst, weshalb das Grundbuch auch Tagebuch oder Journal genannt wird. Jedem Geschäftsvorfall wird eine laufende Nummer zugewiesen, außerdem sind neben dem Buchungsdatum und den angesprochenen Konten auch Betrag, Buchungstext und Belegnummer aufgeführt.

Hauptbuch Die im Grundbuch erfassten Daten werden in das Hauptbuch übernommen ("gebucht"). Im Gegensatz zum Grundbuch ist das Hauptbuch nach sachlichen Gesichtspunkten geordnet, nämlich nach Konten. Weil die Konten früher auf Karteikarten geführt wurden, wird auch heute noch in diesem Zusammenhang von "Kontenblättern" gesprochen.

Weder das rein nach zeitlichen Kriterien geführte Grundbuch noch das stark verdichtete Hauptbuch sind im Alltag besonders aussagekräftig, wenn es zum Beispiel darum geht, die offenen Rechnungen eines Unternehmens bei einem bestimmten Lieferanten zu ermitteln. Daraus ergibt sich die Notwendigkeit, *Nebenbücher* zu führen.

In diesen werden ausschnittsweise bestimmte Unternehmens-bereiche dargestellt.

**Beispiele für Nebenbücher**

*Kontokorrentbuchhaltung* Für jeden Kunden und Lieferanten wird ein separates Konto geführt. Nur so können Zahlungsein- und Zahlungsausgänge überprüft, die Liquidität des Unternehmens anhand offener Forderungen und Verbindlichkeiten kalkuliert und ein Mahnwesen aufgebaut werden.

*Lagerwirtschaft* Für jeden am Lager vorhandenen Artikel wird ein eigenes Konto eingerichtet. So können die Bestände des Unternehmens jederzeit festgestellt und die Lagerkapazitäten optimiert werden.

*Volkswagen Auslieferungslager*

*Lohn- und Gehaltsbuchhaltung:* Wird bei mehr als einem Mitarbeiter notwendig, denn Abzüge und Auszahlungen müssen für jeden Beschäftigten nachvollzogen werden können.

*Anlagenbuchhaltung* Für jedes Anlagegut wird ein gesondertes Konto angelegt. Nur so können die unterschiedlichen Anschaffungskosten,

Nutzungszeiten und Abschreibungen für jeden Gegenstand des Anlagevermögens berücksichtigt werden.

## Grundsätze ordnungsgemäßer Buchführung

Der Begriff „Grundsätze ordnungsmäßiger Buchführung" ist ein unbestimmter Rechtsbegriff. Nach § 238 Abs. 1 Handelsgesetzbuch (HGB) sind alle Kaufleute verpflichtet, diese Grundsätze einzuhalten, sie sind jedoch im Gesetz nicht umfassend definiert. Das Gesetz lässt hier einen Freiraum zur Auslegung. Es existiert kein allgemeingültiges System, sondern eine Reihe von Grundsätzen. Sie rühren aus dem folgenden Leitsatz her.

„Die Buchführung muss so beschaffen sein, dass sie einem sachverständigen Dritten innerhalb angemessener Zeit einen Überblick über die Geschäftsvorfälle und über die Lage des Unternehmens vermitteln kann."

- Die Buchführung muss klar und übersichtlich sein. Dazu gehört:
  - eine sachgerechte Organisation
  - eine übersichtliche Gliederung des Jahresabschlusses
  - ein Verbot, Vermögenswerte und Schulden sowie Aufwendungen und Erträge miteinander zu verrechnen (Bruttoprinzip, Saldierungsverbot) und
  - ein Verbot, Buchungen unleserlich zu machen

- ein Verbot, Bleistifteintragungen vorzunehmen
- Alle Geschäftsvorfälle müssen fortlaufend, vollständig, richtig und zeitgerecht sowie sachlich geordnet gebucht werden.
- Jeder Buchung muss ein Beleg zugrunde liegen.
- Die Buchführungsunterlagen müssen ordnungsgemäß aufbewahrt werden.

**Eigen- und Fremdbelege**

Wir unterscheiden beim Thema *"Belege"* zuerst einmal zwei Gruppen. Zum einen die *internen Belege* und die *externen Belege*.

Der Begriff *"intern"* spricht Bände, denn dies sind solche Belege, die in unserem Unternehmen entstanden sind. Zum Beispiel sind dies Kurzbriefe, Ausgangsrechnungen, Kalkulationen,  interne Mitteilungen bis hin zur Haftnotiz. Alles gilt als *"Beleg"* und alles wurde *in* unserem Betrieb erstellt.

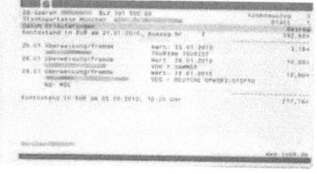

*Ein Kontoauszug gilt als Fremdbeleg*

Als *"extern"* sehen wir alle Belege an, die außerhalb unseres Unternehmens erstellt wurden. Das können unter anderem die uns zugesandte Lieferantenrechnungen, Steuerbescheide, Provisionsabrechnungen oder auch Kontoauszüge unserer Hausbanken sein. Für alle gilt, dass sie *ex*tern, außerhalb des Unternehmens erstellt wurden.

# Inventur und Inventar

## Definition

Unter Inventur ist der Vorgang der mengen- und wertmäßigen Bestandsaufnahme aller Vermögensteile und der Schulden einer Einrichtung zu einem bestimmten Stichtag zu verstehen.

Je nach Art der Inventur wird zwischen einer körperlichen und einer reinen Buchinventur unterschieden.

Körperliche Inventur bedeutet mengenmäßige Aufnahme aller körperlichen Vermögensgegenstände durch Zählen, Messen, Wiegen, aber auch Schätzen mit nachfolgender Bewertung der ermittelten Mengen in Euro.

Unter Buchinventur versteht man dagegen die Aufnahme der nichtkörperlichen Vermögensgegenstände wie Forderungen, Bankguthaben und dgl. sowie der Schulden der Wirtschaftseinheit auf der Grundlage von Belegen und anderen Aufzeichnungen.

Eine Inventur ist jeweils zu Beginn des Gewerbes, sowie jeweils zum Schluss eines jeden Geschäftsjahres durchzuführen (§ 240 Abs. 1 und 2 HGB).

Wird eine vorgeschriebene Inventur nicht durchgeführt, so gilt die gesamte Buchführung als nicht ordnungsgemäß.

**Inventurarten**

**Stichtagsinventur.** Diese erfolgt 10 Tage vor bis 10 Tage nach Bilanzstichtag.

Bei ihr muss die körperliche Bestandsaufnahme nicht exakt am Bilanzstichtag erfolgen. Sie ist jedoch zeitnah durchzuführen, wobei man eine Frist von 10 Tagen vor bis nach dem Bilanzstichtag wahren muss. Bestandsveränderungen bis zum, beziehungsweise vom Bilanzstichtag an sind durch Wertfortschreibung beziehungsweise Wertrückrechnung zu berücksichtigen.

**Verlegte Inventur.** Sie erfolgt bis drei Monate *vor* und bis zu zwei Monate *nach* dem Bilanzstichtag. Auch bei dieser Inventurart müssen die Werte zum Bilanzstichtag fortgeschrieben, bzw. rückgerechnet werden.

**Permanente Inventur.** Diese Form der Inventur lässt sich nur mit Hilfe eines *Warenwirtschaftssystems* bewerkstelligen. Dadurch dass mit dieser Software alle Wareneingänge und –ausgänge erfasst werden, spricht man davon, dass die eine Inventur immer *(permanent)* stattfindet. Dennoch besteht die Verpflichtung, zumindest einmal pro Jahr eine körperliche Inventur durchzuführen; als Kontrolle, ob die EDV-Werte tatsächlich mit den Ist-Werten übereinstimmen.

**Stichprobeninventur.** Es wird regelmäßig eine Stichprobe gemacht, ob die auf Basis von Hochrechnungen und/oder Schätzungen ermittelten Mengen auch korrekt sind.

**Das Inventar**

Nachdem in Ihrem Betrieb die Inventur durchgeführt wurde und die verantwortlichen Mitarbeiter die Mengen in Euro bewertet haben, können Sie anhand dieser Werte das Inventar erstellen.

Sie müssen aufpassen, dass Sie die Begriffe Inventur und Inventar nicht durcheinander bringen. Die Inventur ist die Aufnahme der Vermögens- und Schuldenwerte und das Inventar ist die Auflistung eben dieser Zahlen.

Im Inventar werden ganz oben die Vermögensgegenstände aufgelistet, die am schwersten veräußert werden können. Das gilt zum Beispiel für Grundstücke oder Gebäude. Genau wie Fahrzeuge, Maschinen und Büroeinrichtung zählen diese Vermögensgegenstände zum Anlagevermögen eines Unternehmens.

Unter dem Anlagevermögen wird dann das so genannte Umlaufvermögen aufgelistet. Dies beginnt mit den Beständen an Roh- Hilfs-, Betriebsstoffen, Fertigerzeugnissen u.a. Diese sind schneller als Anlagevermögen zu veräußern.

Die nächste Position im Inventar haben die Forderungen aus Lieferungen und Leistungen. Das sind unsere Forderungen gegenüber Kunden.

Darunter folgen dann der Kassenbestand und eine Zeile tiefer das Bankguthaben.

Nun noch einmal zur zuvor getroffenen Feststellung, dass die am schwersten zu veräußernden Vermögensgegenstände zu Beginn des Inventars aufgelistet werden. In der Fachsprache heißt dies „mit zunehmender Liquidität". Sie müssen sich aber merken, dass die Bank tatsächlich am Ende genannt wird, obwohl Sie doch schneller an das Geld in der Barkasse kommen, als an das auf Ihrem Geschäftskonto.

Zieht man nun von der Summe des Vermögens die Summe der Schulden ab, so erhält man als Ergebnis das so genannte Reinvermögen, das auch Eigenkapital genannt wird.

*Auf der Folgeseite sehen Sie ein Beispiel-Inventar.*

# Beispiel-Inventar

**Inventar der Fantastic Furniture OHG zum 31. Dezember 20XX**
*Art, Menge, Einzelwert*

**A. Vermögen**
   I. Anlagevermögen
      1. Bebautes Grundstück; Mastholter Str., Lippstadt     250.000,00 €
      2. Bebautes Grundstück, Woldemei, Lippstadt     347.000,00 €
      3. Fuhrpark     198.000,00 €
      4. Betriebs- und Geschäftsausstattung     140.300,00 €

   II. Umlaufvermögen
      1. Warenbestand
         1.1 Rohstoffe     322.000,00 €
         1.2 Hilfsstoffe     25.900,00 €
         1.3 Betriebsstoffe     18.900,00 €     366.800,00 €

      2. Forderungen aus Lieferungen und Leistungen     175.000,00 €

      3. Kassenbestand     7.200,00 €

      4. Bankguthaben Sparkasse Lippstadt     43.800,00 €

***Summe des Vermögens***     1.528.100,00 €

**B. Schulden**
   I. Langfristige Schulden
      1. Hypothekendarlehen Sparkasse Lippstadt     820.500,00 €

   II. Kurzfristige Schulden
      1. Verbindlichkeiten des Lieferungen und Leistungen
         1.1 Naturholz AG     22.000,00 €
         1.2 Horizon Fittings     568,00 €     22.568,00 €

***Summe der Schulden***     843.068,00 €

**C. Errechnung des Einvermögens (Eigenkapital)**
   Summe des Vermögens     1.528.100,00 €
   Summe der Schulden     843.068,00 €

**Reinvermögen (Eigenkapital)**     **685.032,00 €**

## Das Eigenkapital und dessen Ermittlung

Mit Hilfe des Inventars können Sie nun das Reinvermögen ermitteln. Der Begriff Reinvermögen steht zugleich für das Eigenkapital. Das heißt, der Anteil des betrieblichen Vermögens, das der Unternehmer sein Eigen nennen kann.

Über die Höhe des Eigenkapitals kann er weitestgehend frei verfügen. Er kann davon Beträge entnehmen (Entnahmen) oder es aber auch durch Einlagen erhöhen.

Diese Bewegungen, die innerhalb eines Geschäftsjahres (im Folgenden „GJ") vorgenommen werden, beeinflussen die Höhe des Eigenkapitals zum 31.12. des Geschäftsjahres.

Ein zweiter Wert, der das Eigenkapital beeinflusst, ist der Gewinn, der im aktuellen Geschäftsjahr erwirtschaftet wurde. Ein Gewinn erhöht das Eigenkapital, ein etwaiger Verlust mindert es.

Hier nun ein Beispiel, das Sie als durchaus prüfungsrelevant ansehen können.

| | |
|---|---|
| **Eigenkapital zum 01.01.20..** | 250.000,00 € |
| - Entnahmen im laufenden GJ | - 10.000,00 € |
| + Einlagen im laufenden GJ | 5.000,00 € |
| + Gewinn des laufenden GJ | 17.000,00 € |
| **Eigenkapital am 31.12.20..** | 262.000,00 € |

Nun wollen wir einmal daran arbeiten, Ihre „Denke" bezogen auf die Veränderungen des Eigenkapitals zu schärfen.

Hätte der Unternehmer *keine* Entnahmen getätigt, so wäre das EK am Jahresende um 10.000,00 € höher!

Und hätte der Unternehmer *keine* Einlagen geleistet, so wäre das EK um 5.500,00 € geringer!

Anders gefragt: Können wir anhand der EK-Bestände zum Jahresanfang und zum Jahresende *und* der Entnahmen und Einlagen den Gewinn des Geschäftsjahres ermitteln? Ja, können wir!

| | |
|---|---|
| Eigenkapital am 31.12.20.. | 262.000,00 € |
| - Eigenkapital am 01.01.20.. | -250.000,00 € |
| *Zwischenergebnis* | 12.000,00 € |
| | |
| - Einlagen im GJ | 5.000,00 € |
| +Entnahmen im GJ | 10.000,00 € |
| **= Gewinn des laufenden GJ** | **17.000,00 €** |

**Die Bilanz**

Die Bilanz ist eine stichtagsbezogene, wertmäßige Gegenüberstellung von Vermögen und Kapital einer Einrichtung (Unternehmen u.a.) in Kontenform.

Das Vermögen wird auf der linken Seite der Bilanz, unterteilt nach Anlagevermögen und Umlaufvermögen, ausgewiesen. Es repräsentiert die Aktiva im Leistungsprozess.

Das Kapital wird auf der rechten Seite der Bilanz, unterteilt nach Eigenkapital und Fremdkapital ausgewiesen. Es repräsentiert die Passiva im Leistungsprozess.

Es gelten stets die Gleichungen

$$\text{Vermögen} = \text{Kapital}$$

und

$$\text{Eigenkapital} = \text{Vermögen} - \text{Fremdkapital (Schulden)}$$

| Aktiva | Bilanz zum 31.12.20.. | Passiva |
|---|---|---|
| Anlagevermögen | | Eigenkapital |
| Umlaufvermögen | | Fremdkapital |
| **Vermögen** | | **Kapital** |

**Der Aufbau – die Gliederung der Bilanz**

Der Aufbau, bzw. die Gliederung der Bilanz liegt nicht im Ermessen des Unternehmens. Nur dadurch, dass der Gesetzgeber hier klare Vorschriften macht, ist es „sachkundigen Dritten" möglich, sich innerhalb einer angemessenen Zeit einen Überblick über die Lage des betrachteten Unternehmens zu machen (→ *GoB Seite 20).*

Anders ausgedrückt – Im Falle einer Betriebsprüfung durch das für Ihr Unternehmen zuständige Finanzamt muss der Prüfer recht schnell einen Einblick in die Entwicklung der Zahlen bekommen.

Wenn Sie bei Ihrer Hausbank ein Darlehen beantragen wollen, so muss es den Mitarbeitern der Bank möglich sein, mit Hilfe der gelieferten Zahlen Ihre Bonität zu ermitteln.

**Werteveränderungen in der Bilanz**

Jeder Geschäftsfall hat Auswirkungen auf die Posten in der Bilanz; und zwar in doppelter Weise. Auch wenn nicht jeder Geschäftsfall in der Bilanz dargestellt wird, können wir vier Möglichkeiten der Bilanzveränderungen unterscheiden; und zwar:

- Aktiv-Tausch = Tausch auf Aktivseite
- Passiv-Tausch = Tausch auf Passivseite
- Aktiv-Passiv-Mehrung = Erhöhung beider Seiten
- Aktiv-Passiv-Minderung = Minderung beider Seiten

Ein sicherer Weg, die jeweiligen Bilanzveränderungen zu erkennen, ist das schrittweise Vorgehen unter Beantwortung der folgenden Fragen:

- Welche Positionen werden berührt?
- Auf welcher Seite der Bilanz befinden sich die Posten?
- Wie verändert sich der Wert des Bilanzpostens?
- Wir beschreibt man die Bilanzveränderung?

Anwendungsbeispiele:

| Geschäftsfall | Welche Position wird berührt? | Auf welcher Seite der Bilanz befinden sich die Posten? | Wie verändert sich der Wert des Bilanzpostens? | Wie nennt man diese Bilanzveränderung? |
|---|---|---|---|---|
| Bareinzahlung auf das Bankkonto | Bank | Aktiva | Mehrung | Aktivtausch |
| | Kasse | Aktiva | Minderung | |
| Umwandlung einer Lieferer- schuld in eine Darlehensschuld | Verbindlich -keiten | Passiva | Minderung | Passivtausch |
| | Darlehen | Passiva | Mehrung | |
| Kauf eines Netbook auf Ziel | Geschäfts- ausstattung | Aktiva | Mehrung | Aktiv- Passiv- Mehrung |
| | Verbindlich -keiten | Passiva | Mehrung | |
| Zahlung einer Liefererrechnung durch Bank- überweisung | Bank | Aktiva | Minderung | Aktiv- Passiv- Minderung |
| | Verbindlich -keiten | Passiva | Minderung | |

Merken Sie sich bitte folgende grundsätzliche Dinge:

- Beim Aktiv- und Passivtausch wird die Bilanzsumme nicht verändert.
- Die Aktiv-/Passivmehrung vergrößert die Bilanzsumme.
- Die Aktiv-/Passivminderung verkleinert die Bilanzsumme.

**Die doppelte Buchführung**

Die doppelte Buchhaltung ist in der heutigen Wirtschaft die *am weitesten verbreitete Methode der Finanzbuchhaltung.* Warum diese Art der Buchführung als "doppelt" bezeichnet wird, lässt sich an mehreren Punkten festmachen - welcher davon letztlich ausschlaggebend für die Namensgebung war, lässt sich im Nachhinein nicht mehr nachvollziehen.

Das Prinzip der Doppik (Doppik ist eine ganz verrückte, aber geläufige Abkürzung und steht für: "*Dopp*elte Buchführung *in Konten*") zeigt sich auf mehrfache Weise:

Jeder Geschäftsvorfall wird auf *zwei verschiedenen Konten* erfasst - auf dem einen Konto im Soll, auf dem anderen Konto im Haben *(→ Beispiel; Seite 31).* Dabei wird bei jedem Buchungssatz der gleiche Betrag im Soll und im Haben gebucht.

Der *Unternehmenserfolg* kann am Ende des Geschäftsjahres auf zwei verschiedene Methoden ermittelt werden:

- aus dem Vergleich des Eigenkapitals am Ende des Geschäftsjahres in Bezug auf den Bestand des Eigenkapitals am Anfang des Geschäftsjahres, *(→ Seite 28)*
- durch Gegenüberstellung von Aufwendungen und Erträgen im aktuellen Geschäftsjahr *(→ Seite 131)*

## Auflösung der Bilanz in Konten

- Die Bilanz entspricht einer Waage *(von ital. bilancia = [Balken-] Waage)*. Der Wert der Aktivseite muss immer mit dem Wert der Passivseite übereinstimmen.
- Jeder Geschäftsvorgang berührt immer mindestens zwei Posten in der Bilanz. Das Gleichgewicht wird dadurch niemals gestört.
- Da es zu umständlich wäre, nach jedem Geschäftsfall die Bilanz neu zu gestalten, wird für jeden Bilanzposten ein Konto *(von ital. conto = Rechnung)* eingerichtet.
- Die Bilanz zeigt die Bestände der einzelnen Bilanzposten an, daher bezeichnet man diese Konten als Bestandskonten.

*Alte Waage*

## Aktivkonten

Für alle Posten der Aktivseite der Bilanz wird ein eigenes Konto eingerichtet.

Die Seiten der Konten heißen Soll und Haben.

| *Soll* | **Aktivkonto** | *Haben* |
|---|---|---|
| Anfangsbestand | | Minderungen |
| Mehrungen | | Schlussbestand |

**Passivkonten**

Für alle Posten der Passivseite der Bilanz wird ein eigenes Konto eingerichtet.

Die Seiten der Konten heißen Soll und Haben.

| Soll | Passivkonto | Haben |
|---|---|---|
| Minderungen | | Anfangsbestand |
| Schlussbestand | | Mehrungen |

**Kontenabschluss**

- Nach dem „Eintragen" des Anfangsbestandes und dem Buchen der Geschäftsfälle wird das Konto folgendermaßen abgeschlossen:

| | Aktivkonto | | |
|---|---|---|---|
| Soll | 0870 Sonst. Geschäftsausstattung | | Haben |
| Anfangsbestand | 17.500,00 € | PC-Verkauf | 300,00 € |
| Tisch (17.02.XX) | 1.200,00 € | | |
| PC (30.09.XX) | 1.800,00 € | | |

- Addieren Sie zuerst die wertmäßig stärkere Seite.

| | Aktivkonto | | |
|---|---|---|---|
| Soll | 0870 Sonst. Geschäftsausstattung | | Haben |
| Anfangsbestand | 17.500,00 € | PC-Verkauf | 300,00 € |
| Tisch (17.02.XX) | 1.200,00 € | | |
| PC (30.09.XX) | 1.800,00 € | | |
| | 20.500,00 € | | |

- Subtrahieren Sie nun von der ermittelten Summe die Summe der schwächeren Seite.

|  | Aktivkonto | | |
|---|---|---|---|
| *Soll* | 0870 Sonst. Geschäftsausstattung | | *Haben* |
| Anfangsbestand | 17.500,00 € | PC-Verkauf | 300,00 € |
| Tisch (17.02.XX) | 1.200,00 € | | |
| PC (30.09.XX) | 1.800,00 € | | |
| | ⬆ | | ⬆ |
| | 20.500,00 € | | 300,00 € |

20.500,00 € minus 300,00 € = **20.200,00 €**

- Übernehmen Sie den ermittelten Saldo in die wertmäßig kleinere Seite.

|  | Aktivkonto | | |
|---|---|---|---|
| *Soll* | 0870 Sonst. Geschäftsausstattung | | *Haben* |
| Anfangsbestand | 17.500,00 € | PC-Verkauf | 300,00 € |
| Tisch (17.02.XX) | 1.200,00 € | Schlussbestand | 20.200,00 € |
| PC (30.09.XX) | 1.800,00 € | | |
| | 20.500,00 € | | 20.500,00 € |

**Buchen auf Aktiv- und Passivkonten mit Buchungssätzen**

- Für jeden Geschäftsfall wird ein Buchungssatz gebildet.
- Grundlage hierfür ist das erlernte Buchungsschema zu den Bestandskonten.

- Zuerst erfolgt die Nennung des Kontos, auf dessen Soll-Seite die Buchung erfolgt, dann die Nennung des Kontos, auf dessen Haben-Seite die Buchung erfolgt.
- Der Buchungssatz ist immer so aufgebaut, dass es „Soll an Haben" heißt.

*Nun setzen wir diese Vorgabe einmal bildlich um:*

| Soll | an | Haben |
|---|---|---|
| ⬇ | ⬇ | ⬇ |
| Auf diesem Konto wird im Soll gebucht, egal ob es sich um ein Aktiv- oder ein Passivkonto handelt | Füllwort, das Ihnen den Wechsel von der Soll- zur Habenseite anzeigen soll. | Auf diesem Konto wird im Soll gebucht, egal ob es sich um ein Aktiv- oder ein Passivkonto handelt |

**Vorgehensweise beim Bilden von Buchungssätzen**

Stellen Sie sich zuerst einmal folgende Fragen:

1. Welche Konten werden bei diesem Geschäftsfall berührt?
2. Um welche Kontenart handelt es sich dabei?
3. Was passiert auf diesen Konten?
4. Wie lautet demzufolge der Buchungssatz?

*Beherzigen Sie stets, dass der Buchungssatz immer „Soll an Haben" heißt!*

Beispiel 1:

Sie transferieren aus unserer Kasse Bargeld auf das Geschäftskonto bei der Sparkasse Gütersloh. Insgesamt werden € 2.200,00 eingezahlt.

1. Welche Konten werden bei diesem Geschäftsfall berührt?
   Kasse             Bank
2. Um welche Kontenarten handelt es sich?
   *Aktivkonto*        *Aktivkonto*
3. Was passiert auf diesen Konten?
   *Minderung*        *Mehrung*
4. Wie lautet demzufolge der Buchungssatz?

Das Konto „Bank" ist ein Aktivkonto. Es wird gemehrt. Eine Mehrung findet im Soll statt. Der Buchungssatz heißt immer „Soll an Haben". Deshalb kann der Buchungssatz nur „Bank an Kasse" heißen.

Beispiel 2:

Sie kaufen bei „Peach" ein Notebook für € 2.990,00 auf Ziel.

1. Welche Konten werden bei diesem Geschäftsfall berührt?

   4400 Verbindlichk. LuL     0870 Geschäftsausstattung

2. Um welche Kontenarten handelt es sich?

   *Passivkonto*              *Aktivkonto*

3. Was passiert auf diesen Konten?

*Mehrung*       *Mehrung*

4. Wie lautet demzufolge der Buchungssatz?

Das Konto „Geschäftsausstattung" ist ein Aktivkonto. Es wird gemehrt. Eine Mehrung findet im Soll statt. Der Buchungssatz heißt immer „Soll an Haben". Deshalb kann der Buchungssatz nur „Geschäftsausstattung an Verbindlichkeiten LuL" heißen.

**Anwendung von Grundbuch und Hauptbuch**

Am Anfang des Manuskriptes haben wir uns näher mit den Büchern des betrieblichen Rechnungswesens befasst. Hier soll es nun darum gehen, wie die auf der vorherigen Seite gebildeten Buchungssätze im Grundbuch erfasst werden.

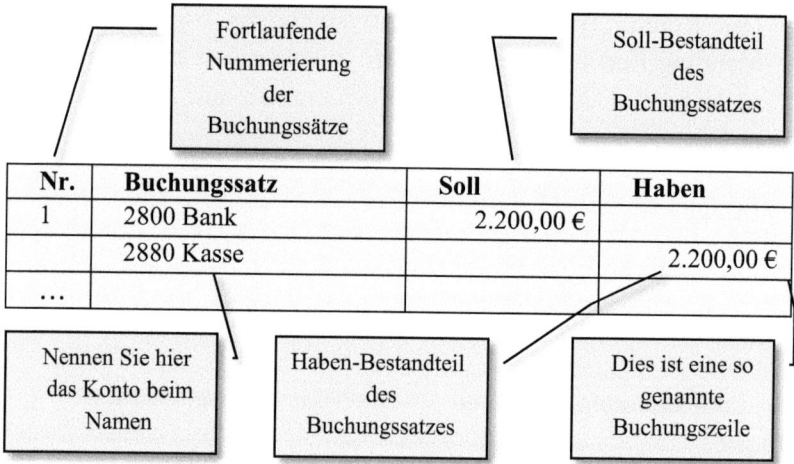

*Nun kommt aber endlich das Grundbuch für unsere beiden auf der vorherigen Seite gebildeten Buchungssätze:*

| Nr. | Buchungssatz | Soll | Haben |
|---|---|---|---|
| 1 | 2800 Bank | 2.200,00 € | |
| | 2880 Kasse | | 2.200,00 € |
| 2 | 0870 Geschäftsausstattung | 2.990,00 € | |
| | 4400 Verbindlichk. LuL | | 2.990,00 € |
| ... | | | |

Im Grundbuch werden die Buchungssätze also in zeitlicher Reihenfolge erfasst. Sprich: Ein Geschäftsfall wird nach dem anderen erfasst, bzw. aufgelistet.

Im Hauptbuch hingegen erfolgt die Erfassung in sachlicher Ordnung. Das heißt, durch die Erfassung auf Sachkonten. Die Sachkonten bilden das wichtigste Buch der Buchführung.

## Der zusammengesetzte Buchungssatz

Manche Geschäftsfälle sind komplexer als die in unseren Beispielen. Es werden dabei mehr als zwei Konten berührt.

Das Buchen solcher Geschäftsfälle kann nur mit Hilfe eines zusammengesetzten Buchungssatzes erfolgen. Hier zwei Beispiele:

1. Beispiel

Wir gleichen eine Liefererrechnung aus. Einen Teil überweisen wir von unserem Bankkonto (€ 1.100,00). Den Rest (€ 400,00) bezahlen wir bar aus der Kasse.

Verbindlichkeiten LuL werden im Soll kleiner, Bank und Kasse werden im Haben kleiner. Der Buchungssatz lautet <u>immer</u> „Soll an Haben"! Ergo muss die Buchung wie folgt lauten:

| Soll | Buchungssatz | | | Haben |
|---|---|---|---|---|
| Verbindlichkeiten LuL | 1.500,00 € | an | Bank | 1.100,00 € |
| | | | Kasse | 400,00 € |

2. Beispiel

Einer unserer Kunden bezahlt eine offene Rechnung. Diese lautet über € 650,00. Er überweist uns € 450,00 und zahlt den Rest in Höhe von € 200,00 in bar.

Kasse und Bank werden größer; und das geschieht im Soll. Unsere *Forderungen aus Lieferungen und Leistungen* nehmen auf der Habenseite ab. Der Buchungssatz lautet immer „Soll an Haben"! Also muss die Buchung wie folgt lauten:

| Soll | Buchungssatz | | | Haben |
|---|---|---|---|---|
| Bank | 450,00 € | *an* | Forderungen LuL | 650,00 € |
| Kasse | 200,00 € | | | |

Das Grundbuch wird nun wie folgt „gefüllt":

| Nr. | Buchungssatz | Soll | Haben |
|---|---|---|---|
| 1 | Verbindlichkeiten LuL | 1.500,00 € | |
| | 2800 Bank | | 1.100,00 € |
| | 2880 Kasse | | 400,00 € |
| 2 | 2800 Bank | 450,00 € | |
| | 2880 Kasse | 200,00 € | |
| | 2400 Forderungen LuL | | 650,00 € |
| ... | | | |
| | **Spaltensummen** | **2.150,00 €** | **2.150,00 €** |

*Um zu kontrollieren, ob Ihnen bei der Erfassung im Grundbuch ein Wert verloren gegangen ist, bilden Sie am Ende der Soll- und Haben-Spalte eine Summe. Diese beiden Werte müssen übereinstimmen!*

## Eröffnungs- und Schlussbilanzkonto

Um die Buchungen, die wir zu Beginn und zum Ende einer „Periode" ausführen müssen, auch tatsächlich *erledigen* können, benötigen wir zwei Konten. Hierbei handelt es sich um das Eröffnungsbilanzkonto und um das Schlussbilanzkonto.

Damit Sie für sich ein paar Ungereimtheiten im Kopf klar bekommen, betrachten Sie das Eröffnungsbilanzkonto bitte immer als ein reines Hilfskonto. Es erfüllt lediglich den Zweck, die Periode *buchhalterisch* zu eröffnen. Ohne Zuhilfenahme dieses Kontos können wir halt nicht in die neue Periode starten. Stark sein!

Nehmen wir nun den Anfangsbestand. Dieser lautet auf € 1.000,00.

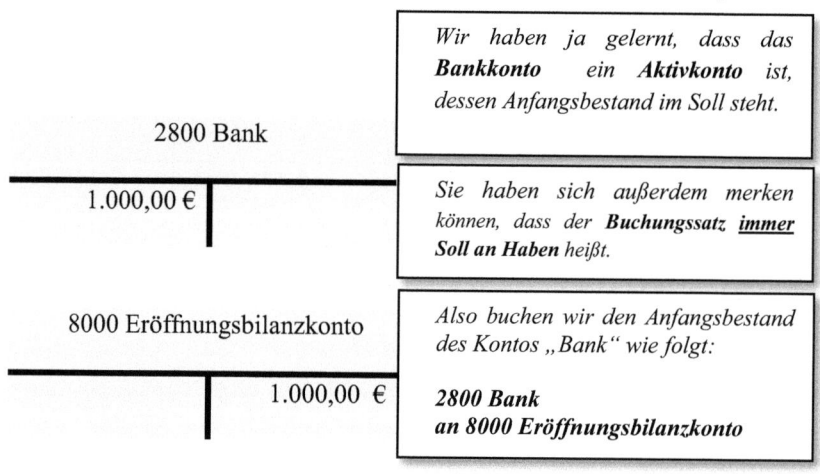

**Erfolgskonten**

Das Ziel eines erwerbswirtschaftlich betriebenen Unternehmens ist die Gewinnerzielung. Geschäftsfälle, die den betrieblichen Erfolg beeinflussen, werden auf den so genannten Erfolgskonten festgehalten.

Erträge, wie zum Beispiel Verkaufserlöse, mehren das Eigenkapital, wie zum Beispiel Lohn- und Gehaltszahlungen für die Arbeitnehmer, mindern das Eigenkapital.

Merke: Aufwands- und Ertragskonten sind Unterkonten des Eigenkapitals.

Erfolgskonten

**Aufwendungen**

→ Minderung des Eigenkapitals

→ Buchung im Soll auf dem jeweiligen Aufwandskonto

Beispiele:
- Aufwendungen für Waren
- Löhne und Gehälter
- Abschreibungen
- Mietaufwendungen
- Versicherungen
- *etc.*

**Erträge**

→ Mehrung des Eigenkapitals
→ Buchung im Haben auf dem jeweiligen Ertragskonto

Beispiele:
- Umsatzerlöse
- Mieterträge
- Provisionserträge
- Zinserträge
- Erträge aus Wertpapieren
- *etc.*

Merke: Buchungen auf einem Erfolgskonto haben stets die Gegenbuchung auf einem Bestandskonto!

# Das Verbuchen des Verbrauchs an Stoffen und Waren

## Grundsätzliches

Warenkonten gibt es hauptsächlich in Groß- und Einzelhandelsbetrieben. Wenn Industriebetriebe Fertigprodukte von anderen Unternehmen beziehen und diese ohne Bearbeitung weiterverkaufen, spricht man von Handelswaren. In diesem Fall werden auch im Industriebetrieb Warenkonten geführt.

Die Abgabenordnung hat für die Aufzeichnung des Wareneingangs und die Aufzeichnung des Warenausgangs einige Anforderungen.

## Bestandsorientiertes Buchen oder aufwandsorientiertes Buchen

Bei einer bestandsorientierten Buchung (Skontrationsmethode) werden die Zugänge (Lieferscheine) und die Abgänge (Materialentnahmescheine) im Lager (Bestand) fortgeschrieben.

*Rohstoffe – just in time*

Bei einer aufwandsorientierten Buchung (Just-in-time-Buchung) werden die Wareneinkäufe auf dem Konto "Aufwendungen für Waren" gebucht. Auf dem Konto "Waren" werden lediglich der Warenanfangsbestand und der Warenschlussbestand (durch Inventur ermittelt) erfasst.

## Aufwandsorientierte Buchung (Just-in-time-Buchung)

In der Praxis wird dieses Verfahren am häufigsten angewendet. Würde man sowohl Wareneinkäufe als auch Warenverkäufe auf einem Konto buchen, so würde ein gemischtes Konto vorliegen. Das Konto wäre eine Mischung aus einem Bestandskonto und einem Erfolgskonto. In der Praxis hat sich die Trennung in drei Konten durchgesetzt. Alle Aufgaben in diesem Buch sollen aufwandsorientiert gebucht werden!

Waren (Bestand) = aktives Bestandskonto

Wareneingang = Aufwandskonto

Erlöse (Warenverkauf) = Ertragskonto

Für den Abschluss der getrennten Warenkonten gibt es zwei Methoden:

### Nettomethode
Bei dieser Methode wird das Wareneingangskonto über das Warenverkaufskonto abgeschlossen. Auf dem Warenverkaufskonto ergibt sich der Rohgewinn bzw. -verlust. Dieser wird vom Warenverkaufskonto auf das Gewinn- und Verlustkonto gebucht.

### Bruttomethode
Bei dieser Methode werden das Wareneingangskonto und das Warenverkaufskonto direkt über das Gewinn- und Verlustkonto

abgeschlossen. Der Wareneinsatz erscheint als Aufwand im Soll des Gewinn- und Verlustkontos, die Warenerlöse als Ertrag im Haben des Gewinn- und Verlustkontos.

Nur die Bruttomethode entspricht den Grundsätzen der Bilanzklarheit. Der § 246 Abs. 2 HGB schreibt vor:

Posten der Aktivseite dürfen nicht mit Posten der Passivseite, Aufwendungen nicht mit Erträgen, Grundstücksrechte nicht mit Grundstückslasten verrechnet werden.

Die Nettomethode verrechnet aber Aufwendungen mit Erträgen.

Die folgenden Ausführungen beziehen sich auf die Bruttomethode. Grundsätzlicher Buchungsablauf:

**Waren (Bestand)**

Es handelt sich um ein aktives Bestandskonto. Zu Beginn des Geschäftsjahres wird der Anfangsbestand Der durch Inventur ermittelte Warenschlussbestand wird im Haben gebucht. Buchungssatz: Schlussbilanzkonto an Waren. Der sich ergebende Saldo des Kontos Waren zeigt die Bestandsveränderung. Der sich ergebende Saldo des Kontos Waren zeigt die Bestandsveränderung.

**Wareneingang**

Hierbei handelt es sich um ein Aufwandskonto. Auf diesem Konto werden die Wareneinkäufe im Soll gebucht. Der sich im Haben ergebende Saldo des Kontos *Wareneingang* ist der Wareneinsatz. Das Konto wird zum Gewinn- und Verlustkonto abgeschlossen.

*Buchungssatz: Gewinn- und Verlustkonto an Wareneingang*

**Erlöse (Warenverkauf)**

Es handelt sich um ein Ertragskonto. Auf diesem Konto werden die Warenverkäufe im Haben gebucht. Der sich im Soll ergebende Saldo des Kontos *Erlöse* ist der Warenumsatz. Das Konto wird zum Gewinn- und Verlustkonto abgeschlossen.

*Buchungssatz: Erlöse an Gewinn- und Verlustkonto*

**Wareneingang**

Lieferantenrechnung - Buchungssatz bei Verwendung des IKR (→ *Seite 153*):

| Soll | | Buchungssatz | | | Haben |
|---|---|---|---|---|---|
| 6080 | Aufw. Waren | 10.000,00 € | an | 4400X Kreditor | 11.900,00 € |
| 2600 | Vorsteuer | 1.900,00 € | | | |

**Erlöse (Warenverkauf)**

Ausgangsrechnung an Kunden - Buchungssatz (IKR):

| Soll | | Buchungssatz | | | Haben |
|---|---|---|---|---|---|
| 2400X Debitor | | 11.900,00 € | an | 5000 Erlöse e. Erzgn. | 10.000,00 € |
| | | | | 4800 Umsatzsteuer 19% | 1.900,00 € |

*Die Bestandsveränderung (Saldo des Kontos "Waren") kann eine Bestandsmehrung oder eine Bestandsminderung sein.*

| **Bestandsmehrung** | **Bestandsminderung** |
|---|---|
| Der Warenschlussbestand ist größer als der Warenanfangsbestand. Es wurden im Geschäftsjahr mehr Waren eingekauft als verkauft. Der auf dem Konto *Wareneingang* gebuchte Aufwand ist damit zu hoch. Der Aufwand muss um die Bestandsmehrung gemindert werden. Buchungssatz: Waren an Wareneingang Es gilt: Wareneingang - Bestandsmehrung = Wareneinsatz | Warenschlussbestand ist kleiner als der Warenanfangsbestand. Es wurden im Geschäftsjahr weniger Waren eingekauft als verkauft. Der auf dem Konto *Wareneingang* gebuchte Aufwand ist damit zu niedrig. Der Aufwand muss um die Bestandsminderung erhöht werden. Buchungssatz: Wareneingang an Waren Es gilt: Wareneingang + Bestandsminderung = Wareneinsatz |

**Umsatzsteuer**

Im Umsatzsteuergesetz ist festgelegt, welche Art von Lieferungen und Leistungen der Umsatzsteuer unterliegen, bzw. mit Umsatzsteuer belastet werden.

*Lieferungen* sind dabei zum Beispiel Stoffe- oder Warenlieferungen.

Von *Leistungen* sprechen wir zum Beispiel bei Reparaturen oder Dienstleistungen eines Steuerberaters.

Auch wenn Sie derzeit kein Jurastudium absolvieren, müssen Sie sich bitte einen Paragraphen, bzw. dessen Inhalt merken. Aus diesem Paragraphen können Sie leicht ableiten, welche Lieferungen und Leistungen umsatzsteuerpflichtig sind:

**§ 1 Absatz 1 Umsatzsteuergesetz (UStG)**

Der Umsatzsteuer unterliegen die folgenden Umsätze: […] die Lieferungen und sonstigen Leistungen, die ein Unternehmer im Inland gegen Entgelt im Rahmen seines Unternehmens ausführt. […]

Nun noch einmal anders ausgedrückt und dargestellt:

Umsatzsteuerpflichtig sind Lieferungen und Leistungen, ...
- die ein Unternehmer
- für sein Unternehmen
- im Inland
- gegen Entgelt

erbringt.

**Merke:** Wird eine dieser Anforderungen nicht erfüllt, so sind die Umsätze nicht umsatzsteuerpflichtig!

Beispiele: Ein <u>Unternehmer</u> aus Deutschland verkauft <u>aus dem Bestand seines Unternehmens</u> Waren <u>für 800,00 Euro</u> an einen <u>Kunden in Oberammergau</u>.

Lösungsweg: Prüfen Sie, ob alle Kriterien für eine umsatzsteuerpflichtige Lieferung oder Leistung gegeben sind.

- die ein Unternehmer... **ja!**
- für sein Unternehmen...**ja!**
- im Inland... **ja!**
- gegen Entgelt... **ja!**

*Umsatzsteuerpflicht besteht, weil er bei diesem Geschäft alle Kriterien des §1 Abs. 1 UStG erfüllt.*

Ein Unternehmer aus Deutschland verkauft aus seinem Privatbesitz ein Paar Skier für 220,00 €uro an einen eBay-Bieter aus Hamburg.

- die ein Unternehmer... **ja!**
- für sein Unternehmen... **nein!**
- im Inland... **ja!**
- gegen Entgelt... **ja!**

*Es besteht keine Umsatzsteuerpflicht, da der Unternehmer Dinge aus seinem Privatbesitz und somit nicht für sein Unternehmen verkauft.*

\*\*\*\*\*\*

Ein Unternehmer aus Deutschland verkauft aus dem Bestand seines Unternehmens Waren für 720,00 €uro an einen Kunden in Teheran.

- die ein Unternehmer... **ja!**
- für sein Unternehmen... **ja!**
- im Inland... **nein!**
- gegen Entgelt... **ja!**

*Es besteht auch hier keine Umsatzsteuerpflicht, da der Unternehmer die Lieferung an einen Abnehmer im Ausland (in einem „Drittland") vornimmt.*

\*\*\*\*\*\*

Ein <u>Privatmann</u> aus Deutschland verkauft <u>aus seinem Privatvermögen</u> <u>einen Backofen</u> für <u>30,00 €uro</u> an einen Kunden <u>in Detmold</u>.

- die ein Unternehmer… **nein!**
- für sein Unternehmen… **nein!**
- im Inland… **ja!**
- gegen Entgelt… **ja!**

*Es besteht auch hier keine Umsatzsteuerpflicht, da die Person kein Unternehmer ist.*

**Bemessungsgrundlage**

Nun haben wir den § 1 (1) UStG berücksichtigt, müssen jedoch eine Besonderheit beachten. Wenn ein Unternehmer aus seinem Unternehmen Waren oder Leistungen (*ein Mitarbeiter jätet zu Hause beim Unternehmer den Garten*) entnimmt, so sind auch diese umsatzsteuerpflichtig. Der Unternehmer muss aus steuerlicher Sicht wie ein Dritter (Kunde) behandelt werden!

*Der private Einsatz von Mitarbeitern ist USt-pflichtig*

Nachdem wir nun festgestellt haben, welche Leistungen umsatzsteuerpflichtig sind, widmen wir uns einem weiteren wichtigen Begriff, der *Bemessungsgrundlage*. Sie ist die Grundlage für die zu ermittelnde Steuer.

Anders ausgedrückt: Wir verkaufen Waren, die einen Wert von 100,00 € haben. Dieser Betrag versteht sich zuzüglich der gesetzlichen Umsatzsteuer und ist die für die Berechnung der Steuern erforderliche *Bemessungsgrundlage*.

Da die Finanzverwaltung einen recht detaillierten Einblick in das Buchungsgebaren Ihres Arbeitgebers bekommen möchte, wird auch diese Bemessungsgrundlage in der *Umsatzsteuervoranmeldung (→Seite 240)* erfasst.

**Steuersätze**

In der Bundesrepublik gelten verschiedene Steuersätze. Mit zwei dieser Sätze haben Sie im täglichen Leben zu tun: 7% und 19%.

Parallel dazu gibt es noch besondere Steuersätze, die landwirtschaftliche Erzeugnisse betreffen. Diese können wir hier aber außer Acht lassen.

Hier nun einige Beispiele zu Lieferungen und Leistungen, die dem Umsatzsteuersatz 7% unterliegen:

- Grundnahrungsmittel
- Zeitungen und Bücher
- Zeitschriften (keine Hochglanzzeitschriften)
- Blumen und Pflanzen
- Außer-Haus-Verzehr von Essen (zum Beispiel Pizza-Bringdienst)
- GEMA-Gebühren
- Künstlerische Darbietungen

Auf die Frage, welche Leistungen nun mit dem Umsatzsteuersatz 19% belegt werden, kann man eigentlich antworten: „Alles, was nicht mit 7% belegt wird!". Aber auch...

- Alkoholfreie Getränke (selbst Mineralwasser etc.)
- Vor-Ort-Verzehr von Essen und Trinken in Restaurants
- Hochglanzzeitschriften

Das Umsatzsteuergesetz macht jedoch noch ein paar Ausnahmen. Umsätze können auch umsatzsteuerfrei sein. Aber selbst die sind in den vergangenen Jahren wässrig geworden und machen dem Buchhalter die Arbeit nicht leichter:

- Umsätze der Deutschen Post AG (nur Briefmarken und andere Postdienste)
- Vermietung und Verpachtung von Immobilien (hier gibt es Ausnahmen; wenn Ihnen nichts anderes gesagt wird, gelten diese Umsätze als umsatzsteuerfrei!)
- Umsätze von Geldforderungen und Wertpapieren (der Aktienhandel wird nicht mit Umsatzsteuer belegt)
- Kreditgewährung
- Ausfuhrlieferungen (zum Beispiel an Kunden in einem Drittland)

Wichtig! Jedes Unternehmen muss zwar die Umsatzsteuer auf jeder seiner Rechnungen ausweisen, sie ist aber für das Unternehmen lediglich ein „durchlaufender Posten". Soll bedeuten: Der

Unternehmer vereinnahmt zwar das Geld von seinen Kunden, er hat es aber an den Staat (vertreten durch das Finanzamt) weiterzuleiten.

Der Weiterleitung (Zahlung) geht eine so genannte Umsatzsteuervoranmeldung*(Musterformular* → *Seite 240)* voraus. Darin meldet das Unternehmen die Höhe der getätigten Umsätze, die Höhe der in Rechnung gestellten Umsatzsteuer und die Umsatzsteuerbeträge, die andere Unternehmen in ihren Rechnungen ausgewiesen haben.

**Umsatzsteuer**

Die „Umsatzsteuer" ist die Steuer, die ein Unternehmen auf seinen Ausgangsrechnungen ausweist. Also werden die *Umsätze* mit unseren Kunden mit *Umsatz*steuer belastet! Die Buchung erfolgt regelmäßig im Haben des Kontos „Umsatzsteuer".

Bei dem Konto handelt es sich um ein Passivkonto. Die Umsatzsteuer ist eine Verbindlichkeit gegenüber dem Finanzamt.

Beispiel: Verkauf von Waren lt. Ausgangsrechnung

| | |
|---|---|
| Nettowarenwert (*Bemessungsgrundlage*) | 8.000,00 € |
| zzgl. 19% | 1.520,00 € |
| Rechnungs-/Bruttorechnungsbetrag | 9.520,00 € |

| Soll | Buchungssatz | | | | Haben |
|---|---|---|---|---|---|
| 2400X Debitor | 9.520,00 € | an | 5000 | Erlöse e. Erzgn. | 8.000,00 € |
| | | | 4800 | Umsatzsteuer 19% | 1.520,00 € |

In der Umsatzsteuervoranmeldung werden die im Meldezeitraum generierten Umsätze an das zuständige Finanzamt gemeldet (*Musterformular →240; Seite 1, Kennziffern 81 + 86).*

**Vorsteuer**

Die „Vorsteuer" ist die Steuer, die einem Unternehmen auf den Eingangsrechnungen von einem anderen Unternehmen in Rechnung gestellt wird.

Die Buchung erfolgt regelmäßig im Soll des Kontos „Vorsteuer".

Bei dem Konto handelt es sich um ein Aktivkonto. Die Vorsteuer ist eine Forderung gegenüber dem Finanzamt.

Beispiel:   Einkauf von Rohstoffen auf Ziel

| | |
|---|---|
| Nettowarenwert (*Bemessungsgrundlage*) | 6.500,00 € |
| zzgl. 19% | 1.235,00 € |
| Rechnungs-/Bruttorechnungsbetrag | 7.735,00 € |

| Soll | | Buchungssatz | | | Haben |
|---|---|---|---|---|---|
| 2000 | Rohstoffe | 6.500,00 € | an | 4400X Kreditor | 7.735,00 € |
| 2600 | Vorstauer | 1.235,00 € | | | |

In der Umsatzsteuervoranmeldung werden die im Meldezeitraum generierten Umsätze an das zuständige Finanzamt gemeldet (*Musterformular → Seite 240; Seite 2, Kennziffer 66).*

**Zahllast**

Die „Zahllast" ist der Betrag, der nach Abzug der Vorsteuern an das Finanzamt überwiesen werden muss.

| | |
|---|---:|
| Berechnung: Umsatzsteuer | 1.520,00 € |
| abzgl. Vorsteuer | 1.235,00 € |
| = Zahllast | 285,00 € |

Die Umsatzsteuervoranmeldung (siehe vorherige Seite) ist bis zum 10. Tag nach Ablauf des „Voranmeldungszeitraums" (in der Regel ist dies ein Monat) an das Finanzamt zu übermitteln.

Die Zahlung selbst hat (nach IHK-Denke) ebenfalls bis zum 10. zu erfolgen.

**Vorsteuerüberhang**

Kommt es dazu, dass unser Unternehmen mehr Vorsteuern an andere Unternehmen gezahlt, als es selbst von unseren Kunden Umsatzsteuer erhalten hat, so spricht man von einem Vorsteuerüberhang. Dieser wird dem Unternehmen nach Prüfung erstattet.

Die Zahllast, bzw. der Vorsteuerüberhang werden in der Voranmeldung erfasst *(Musterformular → Seite 240; Seite 2, Kennziffer 83).*

**Einfuhrumsatzsteuer**

Wenn ein Unternehmen Waren oder Stoffe aus einem anderen Land als der Bundesrepublik oder einem Land außerhalb des Europäischen Wirtschaftsraums erwirbt, so spricht man von einer „Einfuhrlieferung" oder vom „Import". Man sagt, dass wir die Lieferung aus einem Drittland erhalten.

In solchen Fällen weist unser Lieferant (Sitz beispielsweise in Kenia) in seinen Rechnungen keine Umsatzsteuer aus, da die Leistung (aus

seiner Sicht) nicht im Inland erbracht wurde. Somit ist sie erst einmal von der ausländischen Umsatzsteuer befreit.

Werden nun Waren oder Stoffe aus einem Drittland nach Deutschland eingeführt, so verlangt der deutsche Staat auf den Warenwert (→*Bemessungsgrundlage; Seite 52)* den im Inland fälligen Umsatzsteuersatz (→*Steuersätze; Seite 56)*. Die damit erhobene Steuer heißt Einfuhrumsatzsteuer.

Beispiel: Ihr Arbeitgeber importiert Zitrusfrüchte. In einer Rechnung seines Hauptlieferanten mit Sitz in Israel sind für 500kg Orangen netto € 1.500,00 ausgewiesen.

Der Warenwert (Bemessungsgrundlage) beträgt € 1.500,00. Der für Früchte gültige Steuersatz ist im Inland (Deutschland) 7%.

Somit erhebt der deutsche Staat bei der Einfuhr der Früchte € 105,00 an Einfuhrumsatzsteuer.

| Soll | | Buchungssatz | | | Haben |
|---|---|---|---|---|---|
| 6080 | Aufw. Waren | 1.500,00 € | an | 4400X Kreditor | 1.785,00 € |
| 2604 | Einfuhrumsatzsteuer | 285,00 € | | | |

Diese Steuer ist vom Importeur der Ware entweder direkt an das für seinen Geschäftssitz zuständige Hauptzollamt (HZA) zu zahlen oder der von ihm beauftragte Frachtführer (Spediteur, Paketdienst usw.) verauslagt die Steuer an das HZA und berechnet sie an ihn weiter.

Die gezahlte Einfuhrumsatzsteuer wird vom Importeur wie Vorsteuer behandelt und im Rahmen der Umsatzsteuervoranmeldung *(Musterformular → Seite 240; Seite 2, Kennziffer 62)* gemeldet und ihm von seinem Finanzamt, ggfls. nach einer Prüfung erstattet.

Endverbraucher, die Waren aus einem Drittland beziehen, werden im Rahmen der Einfuhrumsatzsteuer so behandelt, als würden sie die Waren im Inland erwerben. Sie jedoch haben keinen Erstattungsanspruch gegenüber dem Finanzamt.

Rechnung der Firma Molotow in Wolgograd (RUS)

**Molotov**
Дерево и более

Kaspiyskoye Shosse 314
400138 Volgograd, Russia
Telefon (405) 55 50 190  Fax (405) 55 50 191

фактура                          Rechnung

дата:        04.30.20xx
номер:       100

фактура:
**Fantastic Furniture OHG**
Mastholter Straße 13
59557 Lippstadt
Germany
+4912312345679

| Details / деталь | Betrag/сумма |
|---|---|
| 300 Meter/метр **Teakholz/тик** | |
| Preis pro Meter/Цена за метр 21.50 € | 6.450,00 € |
| *Ihre Email-Bestellung vom 10.März 20.. durch Felix A. Holz* | |
| *Ваш заказ от 03.10.20xx* | |
| брутто | 6.450,00 € |

Payment Terms: Send a cheque made payaple to Molotov (Volgograd);
10 days after receipt without deductions.

Спасибо за Ваш заказ

Es handelt sich um einen Import. Bei der Einfuhr des Holzes müssen wir an den deutschen Staat (für Holz) 19% Einfuhrumsatzsteuer in Höhe von € 1.225,50 bezahlen, erhalten diese jedoch im Rahmen der Voranmeldung zurück.

**Innergemeinschaftlicher Handel**

Beim so genannten *Innergemeinschaftlichen Handel*, bei dem es um den Handel im europäischen Wirtschaftsraum geht, sind besondere Einzelheiten zu beachten.

Um europäischen Unternehmen den Handel innerhalb der EU zu erleichtern, kann unter bestimmten Voraussetzungen darauf verzichtet werden, dem Empfänger Umsatzsteuer in Rechnung zu stellen.

Lieferant und Warenempfänger müssen ihren Geschäftssitz innerhalb des europäischen Wirtschaftsraumes haben und beide Unternehmen müssen über eine so genannte Umsatzsteuer-Identnummer verfügen.

Diese Umsatzsteuer-Identnummer ist von deutschen Unternehmern einmalig beim Bundesamt für Finanzen zu beantragen.

Bei Aufgabe einer Bestellung muss der Besteller dem Lieferanten seine Identnummer nennen und nur dann darf der Lieferant umsatzsteuerfrei liefern. Vergisst der Besteller, diese Nummer zu übermitteln oder verfügt er noch über keine, so muss der Lieferant die Ware zuzüglich der in seinem Land geltenden Umsatzsteuer berechnen.

Die dann gezahlte Umsatzsteuer wird dem Käufer nicht erstattet! Auch kann die Rechnung im Nachhinein nicht mehr korrigiert werden!

Nennt Ihnen ein neuer Kunde seine Identnummer, so können Sie die Existenz (*nicht* die Richtigkeit) auf der Internetseite des

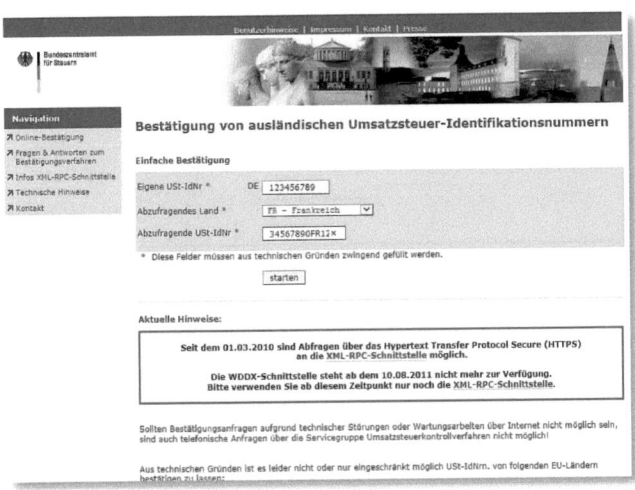

*Bundesministeriums für Finanzen* unter (http://evatr.bff-online.de/eVatR/) überprüfen lassen. Wollen Sie ganz sicher gehen, dass Ihnen der Neukunde die richtige USt-ID nennt, so können Sie auf der gleichen Webseite eine qualifizierte Auskunft beantragen.

Auch wenn die Bestätigung de Anfrage ein paar Tage in Anspruch nehmen kann, sollten Sie sich die Zeit nehmen. Verlassen Sie sich in *fahrlässiger Weise* auf die Aussagen des Kunden und entpuppen sich diese später als unrichtig, so belastet die Finanzverwaltung die umsatzsteuerfreie Lieferung nachträglich mit der Umsatzsteuer, die auch ein Endverbraucher im Inland hätte zahlen müssen. Steuerschuldner für diese Nachbelastung ist dann der Aussteller der Rechnung – also Ihr Unternehmen.

**Einkauf von Waren innerhalb der EU**

Beispiel: Ihr Arbeitgeber importiert Zitrusfrüchte. Diesmal jedoch  von einem Lieferanten mit Sitz in Spanien. In dessen Rechnung ist für 300kg Zitronen ein Netto-Warenwert von € 800,00 ausgewiesen. Dem spanischen Lieferanten liegt Ihre Umsatzsteuer-Identnummer vor!

Somit erheben weder der Lieferant, noch der deutsche Staat für die Lieferung Umsatzsteuer!

| Soll | | Buchungssatz | | Haben |
|---|---|---|---|---|
| 6080 | Aufw. Waren | 800,00 € an | 4400X Kreditor | 800,00 € |

Die *Aufwendungen Waren* fließen mit € 800,00 in die Ergebnisrechnung ein. Das Verbuchen von Vorsteuer entfällt in diesem Fall.

Schauen wir uns nun das Beispiel auf der Folgeseite an. Wieder müssen wir überprüfen, ob alle Voraussetzungen für die umsatzsteuerfreie innergemeinschaftliche Lieferung erfüllt wurden:
- Liegt uns die Identnummer des Lieferanten vor?
- Verfügen wir selbst über eine Identnummer?
- Erfolgt die Lieferung für ausschließlich betriebliche Zwecke?

Rechnung der Joule S.A.R.L. in Paris (F)

# Joule S.a.r.l.

| Seller | Customer |
|---|---|
| Joule S.a.r.l. | Fantastic Furniture OHG |
| 10 Rue La Fayette | Mastholter Straße 13 |
| F-75009 Paris | D-59557 Lippstadt |
| (888) 555-0104 | 0123 1234 5678 |
| (888) 555-0105 | 0123 1234 5679 |
| Tax-ID 345678901FR12 | Tax-ID DE1234567890 |

| Your Joule-Contact | Invoice No. | Date | Palett | delivered by |
|---|---|---|---|---|
| Elisabeth Krenthaller | 123 | 01.03.20.. | 3 | Schenker |

| Terms and conditions | FOB/INCOTERM | Further Order Information |
|---|---|---|
| non | CIF | Your fax-order 15th Feb. 20.. |

| Amount | Article | Price p. M. | Total |
|---|---|---|---|
| 45 | Cork Oak; 1st Class French Quality<br>Origin: Southern France | 40,00 € | 1.800,00 € |

|  |  |
|---|---|
| Subtotal | 1.800,00 € |
| tax rate | 0% |
| VAT | 0,00 € |
| Others | 0,00 € |
| **Gross** | **1.800,00 €** |

**Payment Terms:**
We will charge your account 1234567 at Sparkasse Lippstadt 7 days after receipt.

In der Rechnung werden beide Identnummern genannt. Somit darf die Lieferung aus Frankreich umsatzsteuerfrei erfolgen.

| *Soll* | *Buchungssatz* | | | *Haben* |
|---|---|---|---|---|
| 6000 | Aufw. Rohstoffe | 1.800,00 € *an* | 44007 Joule S.a.r.l. | 1.800,00 € |

## Verkauf von Waren innerhalb der EU

Auch hierbei ist die Vorgabe zwingend zu beachten, dass eine Lieferung an einen europäischen Unternehmer nur dann umsatzsteuerfrei erfolgen darf, wenn beide Umsatzsteuer-Identnummern vorliegen!

Beispiel: Ihr Arbeitgeber verkauft Obstsalat an einen gewerblichen Kunden in Frankreich. In unserer Rechnung ist für 200kg Obstsalat ein Netto-Warenwert von € 1.300,00 ausgewiesen.

Ihnen liegt die französische Identnummer vor!

Somit erheben weder wir, noch der französische Staat Umsatzsteuer!

| Soll | Buchungssatz | | | | Haben |
|---|---|---|---|---|---|
| 2400X Debitor | 1.300,00 € | an | 5000 | Erlöse eig. Erzg. | 1.300,00 € |

Liegt Ihnen keine Umsatzsteuer-Identnummer des Bestellers vor, so müssen Sie ihn wie einen Endverbraucher im Inland behandeln und mit der hier gültigen Umsatzsteuer belasten!

## FANTASTIC FURNITURE OHG

RECHNUNG 0005

9. April 20..

Zahlungsbedingung: 14 Tage ab Rechnungsdatum ohne Abzüge!

Frascati S.r.l.  
Signor Alberto Tomba  
Via Palermo 531  
I-90121 Palermo

Fantastic Furniture OHG  
Mastholter Straße 13  
D-59557 Lippstadt

Ihre USt-ID: IT98765432109

Unsere USt-ID: DE1234567890

| Menge | Details | Einzelpreis | Gesamtbetrag |
|---|---|---|---|
| 1 | Garderobe "Move" | 900,00 € | 900,00 € |
| | Rabatt | | |
| | Zwischensumme | | 900,00 € |
| | 0% Umsatzsteuer | | - € |
| | Brutto-Betrag | | 900,00 € |

KONTOINFORMATIONEN  
Name des Begünstigten: Fantastic Furniture OHG  
Name der Bank: Sparkasse Lippstadt  
Adresse der Bank: Spielplatzstraße 10, 59555 Lippstadt  
Kontonummer: 1234567  
SWIFT-Code: 9876543210

KONTAKTDATEN  
Felix A. Holz  
Telefon: 0123 - 1234 5678  
Fax: 0123 - 1234 5679  
fantastic-german-furniture.jimdo.de  
buchfuehrung@gmx-topmail.de

Zwei USt-IDs. Wir dürfen umsatzsteuerfrei liefern!

| Soll | | Buchungssatz | | | | Haben |
|---|---|---|---|---|---|---|
| 24004 | Frascati S.r.l. | 900,00 € | an | 5000 | Erlöse eigene Ergn. | 900,00 € |

**Umsatzsteuer und Privatentnahmen**

Wenn ein Unternehmer Waren aus seinem Unternehmen entnimmt oder er eine bestimmte Leistung für private Zwecke verwendet, so muss er wie ein Dritter, ein Außenstehender oder auch wie ein Kunde behandelt werden.

Sprich: Die „Entnahme an Waren und sonstigen Leistungen" ist umsatzsteuerpflichtig!

Beispiel: Unternehmer Holz entnimmt aus dem Lager seines Handelsunternehmens einen Hochleistungs-Toaster zum Netto-Wert von € 200,00.

Die Rechnung bzw. der Buchungsbeleg, der zu diesem Geschäftsfall erstellt wird, sehen Sie auf der Folgeseite.

Beachten Sie bitte, dass es ganz besonders wichtig ist, jeden Geschäftsfall, der die *Private Entnahme von Gegenständen und Leistungen* betrifft, sehr genau zu dokumentieren. Diese Dinge sind quasi die ersten, die bei einer Regelprüfung oder Sonderprüfung durch die Finanzverwaltung kontrolliert werden. Die GoB verlangen, dass *keine* Buchung ohne Beleg erfolgt!

> **Buchungsbeleg**
>
> Datum:  22. März 20..
>
> | | | |
> |---|---|---|
> | | Netto: | 200,00 € |
> | | USt. 19% | 38,00 € |
> | | Brutto | 238,00 € |
>
> Gegenstand: Toaster "high-tec" neu
>
> Empfänger: Felix A. Holz
>
> Bitte bestätigen Sie hier durch Ihre Unterschrift:
>
> *Felix A. Holz*
> .................................................

Der Netto-Preis entspricht der Bemessungsgrundlage *(→ Seite 56)*. Die Privatentnahme entspricht dem Bruttopreis, weil die Steuerschuld (€ 38,00) durch die Entnahme des Toasters entstanden ist!

| Soll | | Buchungssatz | | | | Haben |
|---|---|---|---|---|---|---|
| 3000 | Privat | 238,00 € | an | 5420 | Entnahme v.W.s.L. | 200,00 € |
| | | | | 4800 | Umsatzsteuer 19% | 38,00 € |

Beispiel: Herr Holz lässt vom Geschäftskonto seines Unternehmens an den Reiseveranstalter „TOI" € 1.500,00 für eine private Urlaubsreise überweisen.

Hierbei handelt es sich nicht um die Entnahme von Waren oder von einer sonstigen Leistung. Frau Holz entnimmt einfach „nur" einen Teil ihres Eigenkapitals. Darum buchen wir diesen Vorgang so:

| Soll | Buchungssatz | Haben |
|---|---|---|
| 3000 Privat | 1.500,00 € an 2800 Bank | 1.500,00 € |

Wie beim ersten Beispiel kann es auch zu anderen Entnahmen des Unternehmers kommen. So ist ja auch vorstellbar, dass dem Unternehmer ein Teil der Telefongebühren angelastet wird. Strittig kann dabei üblicherweise eine Privatnutzung nicht sein.

Beispiel: Die Telefongebühren des Monats Mai 20.. belaufen sich auf netto € 300,00. Der Privatanteil ist regelmäßig mit 20% anzusetzen. Das wird dann wie folgt errechnet und gebucht...

*Buchungsbeleg*

Datum: 31. März 20..

Netto: 60,00 €
USt. 19% 11,40 €
Brutto 71,40 €

Gegenstand: Private Nutzung Geschäftshandy
20% von netto 300.00 €
Empfänger: Felix A. Holz

*Bitte bestätigen Sie hier durch Ihre Unterschrift:*

*Felix A. Holz*
..............................

| *Soll* | | *Buchungssatz* | | | *Haben* |
|---|---|---|---|---|---|
| 3000 | Privat | 71,40 € | an | 5420 Entnahe v.W.s.L. | 60,00 € |
| | | | | 4800 Umsatzsteuer 19% | 11,40 € |

Ein weiteres Beispiel für die *Entnahme von Waren und sonstigen Leistungen* ist der private Anteil an den Bewirtungskosten. Kommt es zum Beispiel dazu, dass der Unternehmer Felix A. Holz einen Geschäftspartner zum Essen einlädt, dann steckt in den anfallenden *Bewirtungskosten* natürlich auch der Teil, der auf die vom Unternehmer verzehrten Speisen und Getränke entfällt.

Und eben *dieser* Teil ist als Privatentnahme zu werten und somit gleichzeitig umsatzsteuerpflichtig.

Schauen wir uns auf der Folgeseite ein repräsentatives Beispiel an:

Herr Holz hat den Geschäftsführer unseres langjährigen Kunden *Living & More* zum Essen eingeladen. Während dieses Geschäftstermins sollen mit dem Kunden Zielvereinbarungen für die weitere Zusammenarbeit getroffen werden.

*Bewirtung: 30% plus USt gelten als Privatentnahme*

Die betrieblichen Aufwendungen, die die Bemessungsgrundlage für die Ermittlung des Privatanteiles sind, belaufen sich auf netto 125,00 €.

Die Finanzverwaltung verlangt, dass 30% dieser Aufwendungen als Privatentnahme oder *Eigenverbrauch* gewinnerhöhend gebucht werden.

**Buchungsbeleg**

Datum: 31. März 20xx

| | Netto: | 37,50 € |
|---|---|---|
| | USt. 19% | 7,13 € |
| | Brutto | 44,63 € |

Gegenstand: Privatanteil an Bewirtungskosten
30% von netto 125,00 €
Empfänger: Felix A. Holz

*Bitte bestätigen Sie hier durch Ihre Unterschrift:*

*Felix A. Holz*
..........................................

| Soll | Buchungssatz | | | Haben |
|---|---|---|---|---|
| 3000 Privat | 44,63 € | an | 5420 Entnahme v.W.s.L. | 37,50 € |
| | | | 4800 Umsatzsteuer 19% | 7,13 € |

Im Zuge der Jahresabschluss-Arbeiten werden dem zuständigen Finanzamt die Summen der *Unentgeltlichen Wertabgaben* (Entnahmen von Leistungen für private Zwecke), unterteilt nach 7% und 19% Umsatzsteuer in der *Umsatzsteuer-Jahreserklärung (→ Seite 242ff, Seite 3, Kennziffern 178 + 195)* erfasst.

**Bezugskosten**

Bei der Beschaffung von Waren und Stoffen fallen Kosten für den Bezug an. Zumindest ist es recht oft der Fall, dass unsere Lieferanten „frei Haus" versenden.

Denken Sie bitte immer daran, dass Bezugskosten immer nur beim Einkauf entstehen, nicht aber beim Verkauf, sprich durch den Vertrieb unserer Waren und Leistungen.

Zu den Bezugskosten zählen Aufwendungen wie Speditionskosten, Zölle, Abfertigungsgebühren (*Hafengebühren*), Kosten der Einlagerung (*Spedition*), Rollgelder usw.

Die entstehenden Aufwendungen nennt man auch in der Buchführung Bezugskosten. Sie zählen zu den Anschaffungskosten der Ware bzw. des Stoffes.

*Kosten durch den Bezug*

Diese Kosten werden auf separaten Aufwandskonten gebucht. Am Ende einer jeden Abrechnungsperiode müssen auch diese Konten abgeschlossen werden. Dies geschieht nicht, wie bei den anderen Aufwandskonten, über das GuV-Konto, sondern über das so genannte Hauptkonto.

Beispiel: Für eine Rohstofflieferung (Netto-Wert € 10.000,00) sind uns Speditionskosten in Höhe von netto € 500,00 in

Rechnung gestellt worden. Diese Rechnung muss von uns als Verbindlichkeit gebucht werden.

| Soll | | Buchungssatz | | | Haben |
|------|------|------|------|------|------|
| 6001 | Bezugskosten RST | 500,00 € | an | 4400X Verbindlichkeiten LuL | 60,00 € |
| 2600 | Vorsteuer | 95,00 € | | | |

Sie sehen, es gibt für jedes Waren- und Stoffkonto ein eigenes Bezugskostenkonto!

Am Ende der Abrechnungsperiode sehen die Konten also so aus:

| Soll | 6000 Aufwendungen RST | Haben |
|------|------|------|
| 10.000,00 € | | |

| Soll | 6001 Bezugskosten RST | Haben |
|------|------|------|
| 500,00 € | | |

Da die Bezugskosten wie gesagt zu den Anschaffungskosten der Stoffe zählen, muss der Saldo des Bezugskostenkontos auf das Stoffe-Konto umgebucht werden!

**Vorgehensweise beim Abschluss des Bezugskostenkontos:**

Schließen Sie das Konto mit dem Buchungssatz „Aufwendungen Rohstoffe an Bezugskosten Rohstoffe" ab, indem Sie den kompletten Saldo umbuchen.

| Soll | | Buchungssatz | | | Haben |
|---|---|---|---|---|---|
| 6000 | Aufwendungen RST | 35,70 € an | 6001 | Bezugskosten RST | 500,00 € |

| Soll | 6000 Aufwendungen RST | Haben |
|---|---|---|
| 10.000,00 € | | |
| 500,00 € | | |

| Soll | 6001 Bezugskosten RST | Haben |
|---|---|---|
| 500,00 € | | 500,00 € |

Das Bezugskostenkonto ist nun ausgeglichen. Nun können Sie das Rohstoffkonto wie gewohnt saldieren und zum GuV-Konto umbuchen.

| Soll | | Buchungssatz | | | Haben |
|---|---|---|---|---|---|
| 8020 | GuV-Konto | 10.500,00 € an | 6000 | Aufwendungen RST | 10.500,00 € |

*Auf der Seite zuvor wurde der Begriff „Anschaffungskosten" erklärt. Die Art des Saldierens und des Umbuchens erscheint Ihnen vielleicht unnütz und aufwendig. Der Gesetzgeber verlangt jedoch, dass der zu bilanzierende Wert der Waren und Stoffe inklusive aller Nebenleistungen, die mit dem Erwerb verbunden waren, ermittelt werden muss.*

**Nachlässe beim Einkauf von Waren und Stoffen**

Lieferanten gewähren uns als einkaufendem Unternehmen regelmäßig Nachlässe. Zum einen sind dies die so genannten Sofortrabatte, die uns zum Beispiel vom Listenpreis eines Artikels gewährt werden.

Diese Sofortrabatte werden „innerhalb" der Rechnung abgezogen und deshalb von Ihnen als Buchhalter nicht gebucht! Ihre „Denke" beginnt bei den Netto-Rechnungsbeträgen.

Die Nachlässe, um die es nun hier gehen soll, sind Skonti, Boni und sonstige nachträgliche Rabatte. Egal, welche Art von Nachlass man Ihrem Unternehmen gewährt, werden diese auf einem Konto gebucht. Man unterscheidet jedoch, für welche Art von Einkauf einem diese Nachlässe gewährt wurden:

- Nachlässe Waren

- Nachlässe Rohstoffe

- Nachlässe Hilfsstoffe

- Nachlässe Betriebsstoffe

Achten Sie also unbedingt darauf, für den Einkauf welchen Stoffes, bzw. welcher Waren Ihnen eben dieser Nachlass gewährt worden ist.

Genau wie die Bezugskosten (von zum Beispiel Rohstoffen) werden diese am Ende einer jeden Abrechnungsperiode über das entsprechende Hauptkonto abgeschlossen.

Hier nun ein Beispiel:

Wir haben die auf den Vorseiten genannte Rohstofflieferung im Wert von netto € 10.000,00 erhalten. Die Zahlungsbedingung lautet auf *„10 Tage unter Abzug von 3% Skonto, 30 Tage rein netto"*.

| Soll | Buchungssatz | | | Haben |
|---|---|---|---|---|
| 6000 | Aufwendungen RST | 10.000,00 € | an 4400X Verbindlichkeiten LuL | 11.900,00 € |
| 2600 | Vorsteuer | 1.900,00 € | | |

Nun zahlen wir die Rechnung so pünktlich, dass es uns noch erlaubt ist, die gewährten 3% Skonto zu ziehen. Der zu überweisende Betrag ist somit um 3% zu reduzieren (vom Hundert!)

Wir überweisen nun zwar nur noch € 11.543,00 der offene Posten (€ 11.900,00) ist jedoch komplett auszubuchen – weil uns die Minderung erlaubt wurde!

Der gestattete Abzug (Nachlass) muss als solcher gebucht werden. Aber aufgepasst! Unser Lieferant hat uns erlaubt, einen Teil der Eingangsrechnung nicht zu zahlen – also haben wir die Verpflichtung, die beim Eingang gebuchte Vorsteuer (€ 1.900,00) zu korrigieren.

Der ursprüngliche Brutto-Rechnungsbetrag lautete auf

€ 11.900,00

Wir überweisen unter Skontoabzug nur noch 97%

€ 11.543,00

Der Betrag, den wir für uns behalten dürfen ist

€   357,00

Das sind 3% des Brutto-Rechnungsbetrages.

Also ist dies ein Betrag inklusive 19% USt.

Teilen wir also durch                           1,19

und heraus kommt der Netto-Skontoabzug von     € 300,00

Die Differenz zwischen Brutto- und Netto ist   € 57,00

und gleichzeitig der Betrag, um den wir die Vorsteuer

aus der Eingangsrechnung korrigieren müssen!

| Soll | Buchungssatz | | | Haben |
|---|---|---|---|---|
| 4400X Verbindlichkeiten LuL | 11.900,00 € an | 2800 | Bank | 11.543,00 € |
| | | 6002 | Nachlässe RST | 300,00 € |
| | | 2600 | Vorsteuer | 57,00 € |

So sehen die einzelnen Konten danach aus. Die kursiven Werte sind die beim Zahlungsausgang gebuchten!

| Soll | 4400X Verbindlichkeiten LuL | Haben |
|---|---|---|
| *11.900,00 €* | | 11.900,00 € |

| Soll | 2800 Bank | Haben |
|---|---|---|
| | | *11.543,00 €* |

| Soll | 6002 Nachlässe RST | Haben |
|---|---|---|
| | | *300,00 €* |

| Soll | 2600 Vorsteuer | Haben |
|---|---|---|
| 1.900,00 € | | *57,00 €* |

# Naturholz AG

*Nur das Beste für unsere Kunden*

# Rechnung

An der Sägemühle 77
D-72599 Holzhausen
Telefon (588) 98 76 54 32  Fax (588) 98 76 54 33

| | |
|---|---|
| Datum: | 22. April 20.. |
| Rechnung: | 701 |

| | | | |
|---|---|---|---|
| Rechnung an: | Fantastic Furniture OHG<br>Herrn Felix A. Holz<br>Mastholter Straße 13<br>59557 Lippstadt<br>0123 4567 8910 | Lieferung an: | Fantastic Furniture OHG<br>Herrn Felix A. Holz<br>Mastholter Straße 13<br>59557 Lippstadt<br>Telefon |

**Anmerkungen oder besondere Anweisungen:**

| Ihr Kontakt | Bestell-Nr. | Lieferdatum | Verpackung | Incoterm | Zahl.-Bedingung |
|---|---|---|---|---|---|
|  |  |  |  |  |  |

| Menge | Artikelbeschreibung | Preis/Einheit | Gesamtbetrag |
|---|---|---|---|
| 500,00 | Fichtenholt; Einheit = 1 Meter | 5,70 € | 2.850,00 € |
| 1,00 | Transport nach D-59557 Lippstadt |  | 200,00 € |
|  | Netto-Gutschrift |  | 3.050,00 € |
|  | Umsatzsteuersatz |  | 19,00% |
|  | Umsatzsteuer |  | 579,50 |
|  | Verpackung und Lieferung |  |  |
|  | Brutto-Gutschriftbetrag |  | 3.629,50 € |

| Soll | | Buchungssatz | | | Haben |
|---|---|---|---|---|---|
| 6000 | Aufwendungen RST | 2.850,00 € | an | 44001 Naturholz AG | 3.629,50 € |
| 6001 | Bezugskosten RST | 200,00 € | | | |
| 2600 | Vorsteuer | 579,50 € | | | |

# Osse Schmierstoffe
*Öl ist unser Geschäft*

Raffineriestraße 5  
51709 Essen-Kettwig  
Telefon (405) 55 50 190  Fax (405) 55 50 191

DATUM: 12. April 20..  
Rechnung: 851

## Rechnung

Rechnung an:  
**Fantastic Furniture OHG**  
Mastholter Straße 13  
59557 Lippstadt  
Deutschland  
+4912312345679

| Artikelbeschreibung | Betrag |
|---|---|
| 45 Liter Schmieröl; 9.90 €/l | 445,50 € |
| Fracht | 10,00 € |
| Ihre Bestellung vom: 10. April 20.. | |
| Ihr Kontakt: Felix A. Holu | |
| Netto | 455,50 € |
| +19% USt. | 86,55 € |
| Brutto-Rechnungsbetrag | 542,05 € |

Zahlbar innerhalb 14 Tagen ohne jedwede Abzüge

| Soll | | Buchungssatz | | | Haben |
|---|---|---|---|---|---|
| 6030 | Aufwendungen BST | 445,50 € | an | 44002 Osse | 542,05 € |
| 6031 | Bezugskosten BST | 10,00 € | | | |
| 2600 | Vorsteuer | 86,55 € | | | |

# Horizon Fittings

| Verkäufer | Kunde |
|---|---|
| Horizon Fitting AG | Fantastic Furniture OHG |
| Schraubenstraße 13 | Mastholter Straße 13 |
| D-33602 Bielefeld | D-59557 Lippstadt |
| (0521) 9876 5432 | 0123 1234 5678 |
| (0521) 9876 5421 | 0123 1234 5679 |

| Ihr Horizon-Kontakt | Ihre Bestellung | Datzum | Karton | Frachtführer |
|---|---|---|---|---|
| Paul Schmidt | 125 | 17th April 20.. | 1 | DHL |

| **RECHNUNG** | Lieferbedingungen | Weitere Informationen |
|---|---|---|
| No. 25903 | CIF | Your email-order 5th March 20.. |

| Menge | Artikel | Preis 0/00 | Summe |
|---|---|---|---|
| 2200 | Schrauben 30 x 4 mm | 35,00 € | 77,00 € |
|  | Material: Aluminium |  |  |
|  | Farbe: Hellbraun |  |  |
|  | Herkunftsland: Littauen |  |  |

| | |
|---|---|
| Zwischensumme | 77,00 € |
| Steuersatz | 19% |
| Umsatzsteuer | 14,63 € |
| Andere Kosten | 0,00 € |
| **Brutto-Betrag** | **91,63 €** |

Zahlungsbedingungen:
Zahlbar ohne Abzüge über unser paypal-Konto bis 22.04.20..

| Soll | | Buchungssatz | | | Haben |
|---|---|---|---|---|---|
| 6020 | Aufwendungen HST | 77,00 € | an | 44003 Horizon Fittings | 91,63 € |
| 2600 | Vorsteuer | 14,63 € | | | |

**Zahlungsarten**

Besonders im Umgang mit Neukunden empfiehlt es sich, auf eine Zahlung per *Vorkasse* zu bestehen. Vertrauen ist gut, Kontrolle ist besser. Und jeder Kunde, der unser Vertrauen als Lieferant gewinnen und zudem noch unsere Produkte erhalten will, lässt sich darauf ein.

Im Business-to-Customer-Geschäft *(B2C)* ist das seit Jahren Gang und Gebe; wenn wir zum Beispiel im Internet Waren bestellen und der Lieferant *Paypal®* als Zahlungsart für Neukunden vorgibt. als Zahlungsart für Neukunden vorgibt.

Weniger als in der ehemaligen DDR ist bei uns die Bezeichnung *Sofortzahlung* gängig. Damit meint man die Zahlung (Überweisung), sobald die Rechnung vorliegt. Verwechseln Sie diesen Begriff nicht mit der *Sofortüberweisung*, die ihnen sicher auch schon im Internethandel begegnet ist.

Wenn Sie mit dem Begriff *Zahlungsziel* konfrontiert werden, sollte Ihnen klar sein, dass es sich um den Tag (das Datum) handelt, an dem der gesamte Rechnungsbetrag spätestens zu überweisen ist. Dieser Terminus begegnet Ihnen auch oft, wenn es um den Abzug von *Skonto* geht. Dann heißen die Zahlungsbedingungen oftmals *"Zahlbar innerhalb 8 Tagen unter Abzug von 2% Skonto; Zahlungsziel 30 Tage ab Rechnungsdatum"*. So oder so ähnlich lauten diese. Wenn Sie in diesem Beispiel spätestens am achten Tag überweisen, dürfen Sie 2%

Skonto (vom Brutto-Rechnungsbetrag) einbehalten. Zahlen Sie am 30. Tag, so ist der gesamte Rechnungsbetrag *ohne Abzüge* zu überweisen.

Gestatten Sie einem Handelspartner, den jeweils fälligen Rechnungsbetrag von Ihrem Konto einzuziehen, so handelt es sich um das *SEPA-Lastschriftverfahren*. Gibt es aus Ihrer Sicht keinen Grund für die Belastung Ihres Kontos, so können Sie die Lastschrift *zurückgehen* lassen. Der Betrag wird Ihrem Konto dann wieder gutgeschrieben und der Handelspartner wird über dessen Hausbank über den *Widerspruch* informiert.

Eine andere – und oftmals nur im Handel mit hochwertigen Waren vorkommende – Zahlungsform ist der *Abbuchungsauftrag*. Der Ablauf und die Einrichtung eines solchen Auftrages gehen wie folgt vonstatten. Zuerst einmal tritt man mit einem neuen  Lieferanten in Geschäftsbeziehung. Besonders bei hochpreisigen Artikeln wir er auf diese Zahlungsform bestehen und Ihnen ein entsprechendes Formular zusenden. Darin ist festgehalten, dass Sie ihm gestatten, die jeweils fälligen Rechnungsbeträge - bei ausreichender Deckung – von Ihrem Konto abzubuchen. Dieses Formular geben Sie zu Ihrer Hausbank und lassen es sich dort mit Stempel und Unterschrift versehen wieder aushändigen. Das somit komplett ausgefüllte Formular senden Sie dann zurück an Ihren neuen Lieferanten. Wenn es dann zu einer Abbuchung kommt, können Sie diese *nicht* zurückgeben. Wenn Sie die Abbuchung für unberechtigt halten, so müssen Sie sich direkt mit dem Lieferanten auseinandersetzen; die Bank bleibt außen vor.

**Skontofristen berechnen**

Nehmen wir noch einmal das soeben genannte Beispiel für *Zahlungsbedingungen* zu Hilfe. Diese lauteten auf:

*"Zahlbar innerhalb 8 Tagen unter Abzug von 2% Skonto oder innerhalb 30 Tagen ohne Abzüge."*

Zudem unterstellen wir, dass die Rechnung über brutto € 11.900,00 lautete und das Rechnungsdatum 10.01.2016 trägt.

| Januar 2016 | | | | | | |
|---|---|---|---|---|---|---|
| So | Mo | Di | Mi | Do | Fr | Sa |
|  |  |  |  |  | 1 | 2 |
| 3 | 4 | 5 | 6 | 7 | 8 | 9 |
| 10 | 11 | 12 | 13 | 14 | 15 | 16 |
| 17 | 18 | 19 | 20 | 21 | 22 | 23 |
| 24 | 25 | 26 | 27 | 28 | 29 | 30 |
| 31 |  |  |  |  |  |  |

| Februar 2016 | | | | | | |
|---|---|---|---|---|---|---|
| So | Mo | Di | Mi | Do | Fr | Sa |
|  | 1 | 2 | 3 | 4 | 5 | 6 |
| 7 | 8 | 9 | 10 | 11 | 12 | 13 |
| 14 | 15 | 16 | 17 | 18 | 19 | 20 |
| 21 | 22 | 23 | 24 | 25 | 26 | 27 |
| 28 | 29 |  |  |  |  |  |

Die Rechnung lautet also auf den 10. Januar 2016. Wenn wir nun die 8 Tage bis zum Ende der *Skontofrist* abzuzählen beginnen, ist der erste Tag der 11. Januar 2016. Der achte Tag, also der letzte Tag, an dem wir unter Abzug von 2% Skonto überweisen dürfen, ist Dienstag, der 18. Januar 2016. Zahlen wir innerhalb des Zahlungsziels, so müssen wir den kompletten Rechnungsbetrag spätestens am 9. Februar 2016 überweisen. Überprüfen Sie das bitte anhand der Kalendarien und beginnen Sie mit dem Zählen am 11. Januar 2016!

**Berechnung des Finanzierungsvorteils**

Zu Ihren Aufgaben muss es auch gehören, eigenverantwortlich zu prüfen, ob sich der Skontoabzug wirtschaftlich lohnt. Auch die IHK verlangt dieses Wissen. Bei einer solchen Aufgabenstellung werden folgende Dinge unterstellt:

- Ihr Unternehmen muss für den frühzeitigen Rechnungsausgleich den eingeräumten Kontokorrentkredit (*Dispo*) in Anspruch nehmen

- Sie zahlen immer am letztmöglichen Tag unter Abzug von Skonto.

- Zum Zahlungsziel hätte Ihrem Unternehmen der fällige Bruttobetrag in voller Höhe zur Verfügung gestanden

Beispiel:

Ihnen liegt eine Rechnung der Leim AG vor. Diese lautet auf Brutto € 2.380,00. Der volle Betrag ist skontierfähig. Das Zahlungsziel ist: 8 Tage 2% Skonto, 30 Tage rein netto.

Rechnung:

Bruttorechnungsbetrag            € 2.380,00

davon 2% Skonto                  €    47,60 *(brutto)*

abzüglich 19% Vorsteuer sind dies dann    €    40,00


Der Zinssatz für die Inanspruchnahme des Kontokorrentkredits ist 12%.

Rechnung:

Überweisungsbetrag               € 2.332,40

*Wir überweisen 22 Tage früher, als wir es spätestens tun müssten (30 Tage – 8 Tage)*

Zinsbelastung (2.332,40 [€] x 22 [Tage] x 12 [%]) / 360 x 100 = € 17,10

Die Differenz zwischen Netto-Skontoabzug (€ 40,00) und Zinslast (€ 17,10) beträgt somit dann € 22,90.

Hierbei handelt es sich um den so genannten „*Finanzierungsvorteil*"!

Die IHK akzeptiert bei der Ergebnisermittlung zwei (!) Lösungen. Zum einen die oben genannte (€ 22,90), zum anderen die Rechnung Brutto-Skontoabzug (€ 47,60) minus der Zinsbelastung (€ 17,10) = € 30,50. Bitte rechnen *Sie* in jedem Fall mit dem Netto-Skontoabzug!

**Rücksendungen im Einkaufsbereich**

Im Bereich des Einkaufs von Stoffen und Waren kann es dazu kommen, dass unser Unternehmen eben solche Dinge an den Lieferanten zurückgibt.

Auf den vorherigen Seiten haben wir uns mit den uns gewährten Nachlässen befasst. Zu diesen kann es auch kommen, wenn ein oder mehrere Artikel aufgrund von Mängeln nachträglich rabattiert werden. Der Lieferant schickt uns in diesem Fall eine Gutschrift über einen ausgehandelten Betrag zu, der quasi als Schadenersatz dienen soll.

Mängelrügen, die eine finanzielle Vergütung zur Folge haben, ohne dass es aber zu einer Rücksendung der bemängelten Stoffe und Waren kommt, haben _nichts_ mit einer Rücksendung und der _nur darauf zutreffenden_ Art des Verbuchens zu tun!

Achten Sie in Gutschriften, die Sie in den folgenden Übungen, aber auch in IHK-Prüfungen wiederfinden können, genau darauf, *warum* die Gutschrift erstellt wurde, beziehungsweise, was der Anlass für die Erstellung war!

Folgendes Beispiel (Gutschrift) betrifft eine Rohstofflieferung der Naturholz GmbH. Diese hatte und Fichtenholz geliefert, bei dem es sich jedoch nicht um 1-A-Ware gehandelt hat. Wegen dieses Mangels haben wir uns mit der Naturholz GmbH auf einen nachträglichen Rabatt von 20% einigen können.

# Naturholz AG
*Nur das Beste für unsere Kunden*

# GUTSCHRIFT

An der Sägemühle 77
D-72599 Holzhausen
Telefon (588) 98 76 54 32  Fax (588) 98 76 54 33

| | |
|---|---|
| Datum | 30. April 20.. |
| Gutschrift-Nr. | 703 |

| Gutschrift an: | Fantastic Furniture OHG<br>Herrn Felix A. Holz<br>Mastholter Straße 13<br>59557 Lippstadt<br>0123 4567 8910 | Lieferung an: | Fantastic Furniture OHG<br>Herrn Felix A. Holz<br>Mastholter Straße 13<br>59557 Lippstadt<br>Telefon |
|---|---|---|---|

**Rabattierung wegen 1B-Qualität**

| Ihr Kontakt | Bestell-Nr. | Lieferdatum | Verpackung | Incoterm | Zahl.-Bedingung |
|---|---|---|---|---|---|
| | | | | | |

| Menge | Artikelbeschreibung | Preis/Einheit | Gesamtbetrag |
|---|---|---|---|
| 500,00 | Fichtenholz; Einheit = 1 Meter | 5,70 € | 2.850,00 € |
| 1,00 | Transport nach D-59557 Lippstadt | | 200,00 € |
| | Netto-Rabatt 20% | | 610,00 € |
| | Umsatzsteuersatz | | 19,00% |
| | Umsatzsteuer | | 115,90 |
| | Verpackung und Lieferung | | |
| | Brutto-Gutschriftbetrag | | 725,90 € |

Diese Gutschrift wird als Nachlass behandelt, weil die bemängelte Ware bei uns verblieben ist. Es kam zu keiner Rücksendung!

Wir buchen diesen Vorgang wie gehabt:

| Soll | Buchungssatz | | | Haben |
|---|---|---|---|---|
| 44001 Naturholz AG | 654,50 € | an | 6002 Nachlässe Rohstoffe | 550,00 € |
| | | | 2600 Vorsteuer | 104,50 € |

Nun kommen wir zu einem anderen Beispiel, einer echten Rücksendung von Stoffen.

Wir haben uns mit der Naturholz AG nicht auf einen aus unserer Sicht angemessenen Nachlass einigen können und bitten diese im Zuge einer Ersatzlieferung um die Abholung des Holzes. Die Naturholz AG lässt daraufhin 100 lfd. Meter Holz bei uns abholen und schreibt das wie folgt gut:

## Naturholz AG

*Nur das Beste für unsere Kunden*

An der Sägemühle 77
D-72599 Holzhausen
Telefon (588) 98 76 54 32  Fax (588) 98 76 54 33

## GUTSCHRIFT

Datum: 30. April 20..
Gutschrift-Nr.: 704

Gutschrift an: Fantastic Furniture OHG
Herrn Felix A. Holz
Mastholter Straße 13
59557 Lippstadt
0123 4567 8910

Abholung von: Fantastic Furniture OHG
Herrn Felix A. Holz
Mastholter Straße 13
59557 Lippstadt
Telefon

Rücksendung unserer Lieferung vom 22. April 20..

| Ihr Kontakt | Bestell-Nr. | Lieferdatum | Verpackung | Incoterm | Zahl.-Bedingung |
|---|---|---|---|---|---|
|  |  |  |  |  |  |

| Menge | Artikelbeschreibung | Preis/Einheit | Gesamtbetrag |
|---|---|---|---|
| - 100,00 | Spruce; calculation unity: meter | 5,70 € | -570,00 € |
|  | Netto-Gutschrift | | -570,00 € |
|  | Umsatzsteuersatz | | 19,00% |
|  | Umsatzsteuer | | - 108,30 € |
|  | Brutto-Gutschriftbetrag | | -678,30 € |

Sie haben bemerkt, dass in der Gutschrift explizit auf die Rücksendung hingewiesen wurde. Kommt es zu einer solchen Rücksendung, dann drehen wir den ursprünglichen Buchungssatz, den wir im Zuge des Eingangs der Rechnung vorgenommen haben, um.

*Buchungssatz beim Eingang der Rechnung der Naturholz GmbH:*

| Soll | | Buchungssatz | | | Haben |
|---|---|---|---|---|---|
| 6000 | Aufwendungen RST | 2.750,00 € | an | 44001 Naturholz AG | 3.510,50 € |
| 6001 | Bezugskosten RST | 200,00 € | | | |
| 2600 | Vorsteuer | 560,50 € | | | |

*Kommt es also zu einer Rücksendung, wird der oben genannte Buchungssatz einfach um 180° gedreht:*

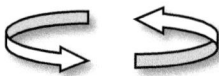

| Soll | | Buchungssatz | | | Haben |
|---|---|---|---|---|---|
| 44001 | Naturholz AG | 678,30 € | an | 6000 Aufwendungen RST | 570,00 € |
| | | | | 2600 Vorsteuer | 108,30 € |

Also noch einmal:

Erhalten wir von einem Lieferanten eine Gutschrift als Entschädigung für mangelhafte Stoffe, die bei uns verblieben sind, buchen wir auf dem Konto „Nachlässe für ...-Stoffe"!

Erhalten wir von einem Lieferanten eine Gutschrift, weil wir Stoffe zurückgesandt haben, so drehen wir den ursprünglichen Buchungssatz um!

Folgende Gutschrift eines Rohstoff-Lieferanten trifft bei uns ein:

**Kosher GmbH**
*Not just for us - but just for you!*

Gotthilfstraße 5
D-59558 Lippstadt
Telefon (588) 98 76 54 32  Fax (588) 98 76 54 33

**GUTSCHRIFT**

Datum: 6. April 20xx
Belegnummer: 1109

Gutschrift an: Fantastic Furniture OHG
Herrn Felix A. Holz
Mastholter Straße 13
59557 Lippstadt
0125 4567 8910

Gutschrift wegen Farbabweichung

| Ihr Kontaktdaten | Bestellnummer | Lieferdatum | Verpackung | Lieferbedingung | Zahlungsbedingung |
|---|---|---|---|---|---|
|  |  |  |  |  |  |

| Menge | Beschreibung | Einzelpreis | Gesamtpreis |
|---|---|---|---|
| 1,00 | Gutschrift |  | 300,00 € |
|  | Netto | | 300,00 € |
|  | Umsatzsteuersatz | | 19,00% |
|  | Umsatzsteuer | | 57,00 |
|  | Verpackung & Versand | | |
|  | **Brutto** | | 357,00 € |

| Soll | Buchungssatz | Haben |
|---|---|---|
| 44004 Kosher GmbH | 357,00 € an 6002 Nachlässe Rohstoffe | 300,00 € |
|  | 2600 Vorsteuer | 57,00 € |

Ebenso erreicht uns folgende Gutschrift:

## Dübelfix GbR
JUST DRILL IT - WE FILL IT

Utexstraße 99
D-29520 Geseke
Telefon (0543) 9876 5432

## GUTSCHRIFT

M10

Date: 12. April 20..
GUTSCHRIFT 18999

Adresse: Fantastic Furniture OHG
Herr Felix A. Holz
Mastholter Straße 13
59557 Lippstadt
0123 4567 8910

Ihre Rücksendung vom 3. April 20..

| Ihr Kontakt | Bestell-Nr. | Lieferdatum | Verpackung | Lieferbedingung | Zahlungsbed. |
|---|---|---|---|---|---|
|  |  |  |  |  |  |

| Menge | Beschreibung | Preis o/oo | Gesamtbetrag |
|---|---|---|---|
| 100.000 | 6 x 30 mm beech wood dowel | 3,10 € | 310,00 € |
|  | Netto-Betrag | | 310,00 € |
|  | Umsatzsteuersatz | | 19,00% |
|  | Umsatzsteuer | | 58,90 |
|  | Brutto-Betrag | | 368,90 € |

| Soll | | Buchungssatz | | | | Haben |
|---|---|---|---|---|---|---|
| 44005 | Dübelfix GbR | 368,90 € | an | 6022 | Nachlässe Hilfsstoffe | 310,00 € |
|  |  |  |  | 2600 | Vorsteuer | 58,90 € |

**Nachlässe**

Kunden erhalten von uns als verkaufendem Unternehmen regelmäßig Nachlässe. Zum einen sind dies die so genannten Sofortrabatte, die Ihnen zum Beispiel vom Listenpreis eines Artikels gewährt werden.

Diese Sofortrabatte werden „innerhalb" der Rechnung abgezogen und deshalb von Ihnen als Buchhalter nicht gebucht! Ihre „Denke" beginnt bei den Netto-Rechnungsbeträgen.

Die Nachlässe, um die es nun hier gehen soll, sind Skonti, Boni und sonstige nachträgliche Rabatte. Im Bereich des Verkaufs sprechen wir durchweg von „Erlösberichtigungen". *Wir berichtigen unsere beim Ausgang der Rechnung gebuchten Erlöse.* Egal, welche Art von Nachlass man einem Kunden gewährt, werden diese auf einem Konto gebucht. Man unterscheidet jedoch, für welche Art von verkauften Gütern diese Nachlässe gewährt werden:

- Erlösberichtigungen Eigene Erzeugnisse

- Erlösberichtigungen Handelswaren

Achten Sie also unbedingt darauf, für den Verkauf welcher Güter oder Leistungen dieser Nachlass gewährt wurde.

Wir stellen unserem Kunden Habenichts eigene Erzeugnisse im Wert von netto € 20.000,00 in Rechnung. Die Zahlungsbedingung lautet auf „*7 Tage unter Abzug von 2% Skonto, 30 Tage rein netto*".

| Soll | Buchungssatz | | | Haben |
|---|---|---|---|---|
| 2400X Habenichts | 23.800,00 € | *an* | 5000 Erlöse eigene Erzgn. | 20.000,00 € |
| | | | 4800 Umsatzsteuer 19% | 3.800,00 € |

Kunde Habenichts zahlt die Rechnung so pünktlich, dass es ihm erlaubt ist, die gewährten 2% Skonto zu ziehen. Der zu überweisende Betrag ist somit um 2% zu reduzieren (vom Hundert!)

Er überweist nun zwar nur noch € 23.324,00, der offene Posten (€ 23.800,00) ist jedoch komplett auszubuchen – weil ihm die Minderung gestattet wurde!

Der gestattete Abzug (Nachlass) muss als solcher gebucht werden. Aber aufgepasst! Wir haben dem Kunden erlaubt, einen Teil der Rechnung nicht zu zahlen – also müssen wir die beim Ausgang gebuchte Umsatzsteuer (€ 3.800,00) korrigieren.

Der ursprüngliche Brutto-Rechnungsbetrag lautete auf

€ 23.800,00

Man überweisen uns unter Skontoabzug nur noch 98%

€ 23.324,00

Der Betrag, den wir als Nachlass gewähren, ist € 476,00

Das sind 2% des Brutto-Rechnungsbetrages. Also ist

dieser Betrag inklusive 19% USt. Teilen wir also durch 1,19

und heraus kommt der Netto-Skontoabzug von € 400,00

Die Differenz zwischen Brutto- und Nettoabzug ist € 76,00

und gleichzeitig der Betrag, um den wir die Umsatzsteuer

aus der Ausgangsrechnung korrigieren müssen!

| Soll | | Buchungssatz | | | Haben |
|---|---|---|---|---|---|
| 2800 | Bank | 23.324,00 € | an | 2400X Forderungen LuL | 23.800,00 € |
| 5001 | Erlösberichtigung | 400,00 € | | | |
| 4800 | Umsatzsteuer 19% | 76,00 € | | | |

*So sehen die einzelnen Konten danach aus. Die kursiven Werte sind die beim Zahlungseingang gebuchten!*

| Soll | 2400X Forderungen LuL | Haben |
|---|---|---|
| 23.800,00 € | | 23.800,00 € |

| Soll | 2800 Bank | Haben |
|---|---|---|
| 23.324,00 € | | |

| Soll | 5001 Erlösberichtigung e.E. | Haben |
|---|---|---|
| 400,00 € | | |

| Soll | 4800 Umsatzsteuer 19% | Haben |
|---|---|---|
| 76,00 € | | |

Die Vorgehensweise bei den gewährten Nachlässen ist also denen im Einkauf mehr als ähnlich. Genauso verhält es sich auch, wenn wir dem Kunden nicht Skonti, Boni oder nachträgliche Rabatte einräumen, sondern er uns – warum auch immer – die Waren zurückschickt.

Genau wie in der Beschaffung (dem Einkauf) drehen wir dann den Buchungssatz, der sich aus der ursprünglichen Ausgangsrechnung ergeben hatte, um.

*Buchungssatz beim Ausgang der Rechnung an den Kunden Müller GmbH:*

| Soll | | Buchungssatz | | | | Haben |
|---|---|---|---|---|---|---|
| 2400X | Forderungen LuL | 3.570,00 € | an | 5000 | Erlöse eigene Erzgn. | 3.000,00 € |
| | | | | 4800 | Umsatzsteuer 19% | 570,00 € |

*Kommt es also zu einer Rücksendung, wird der oben genannte Buchungssatz einfach um 180° gedreht:*

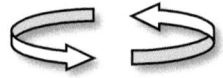

| Soll | | Buchungssatz | | | | Haben |
|---|---|---|---|---|---|---|
| 5000 | Erlöse eigene Erzgn. | 3.000,00 € | an | 2400X | Forderungen LuL | 3.570,00 € |
| 4800 | Umsatzsteuer 19% | 570,00 € | | | | |

Sie haben auf diesem Wege die ursprüngliche Buchung storniert. Die Forderungen, die Erlöse und die Umsatzsteuerschuld wurden so *neutralisiert*. Versuchen Sie, die auf der Folgeseite genannten Beispiele daraufhin zu prüfen, ob es sich um eine Erlösschmälerung oder um eine Rücksendung handelt. Buchen Sie entsprechend.

# FANTASTIC FURNITURE OHG

Gutschrift 0006

6. April 20..

Möbel Unger  
Herrn Samuel Paul  
Stuhlweg 44  
D-69031 Frankfurt am Main

Fantastic Furniture OHG  
Mastholter Straße 13  
D-59557 Lippstadt

Ihre Rücksendung vom 2. April 20..   Unsere USt-ID: DE1234567890

| Menge | Details      | Einzelpreis | Gesamtbetrag |
|-------|--------------|-------------|--------------|
| 1     | Tisch "Enduro" | 400,00 €  | 400,00 €     |

|                | Rabatt          |           |
|----------------|-----------------|-----------|
|                | Zwischensumme   | 400,00 €  |
|                | 19% USt.        | 76,00 €   |
|                | Brutto-Betrag   | 476,00 €  |

KONTOINFORMATIONEN  
Name des Begünstigten: Fantastic Furniture OHG  
Name der Bank: Sparkasse Lippstadt  
Adresse der Bank: Spielplatzstraße 10, 59555 Lippstadt  
Kontonummer: 1234567  
SWIFT-Code: 9876543210

KONTAKTDATEN  
Felix A. Holz  
Telefon: 0123 - 1234 5678  
Fax: 0123 - 1234 5679  
fantastic-german-furniture.jimdo.de  
buchfuehrung@gmx-topmail.de

| Soll |                    | Buchungssatz |    |       |              | Haben    |
|------|--------------------|--------------|----|-------|--------------|----------|
| 5000 | Erlöse eigene Erz. | 400,00 €     | an | 24002 | Möbel Unger  | 476,00 € |
| 4800 | Umsatzsteuer 19%   | 76,00 €      |    |       |              |          |

# FANTASTIC FURNITURE OHG

Gutschrift    0007

6. April 20...

**Furniture Dumping**
z. H. Frau Seller
Borsenallee 1
D-32051 Herford

**Fantastic Furniture OHG**
Mastholter Straße 13
D-59557 Lippstadt

Ihre Reklamation vom 4. April 20..; Farbfehler

*Unsere USt-ID: DE1234567890*

| Menge | Details | Einzelpreis | Gesamtbetrag |
|---|---|---|---|
| 1 | Desc "Enduro" Farbveränderung | 100,00 € | 100,00 € |
| | Rabatt | | - € |
| | Zwischensumme | | 100,00 € |
| | 19% Umsatzsteuer | | 19,00 € |
| | Brutto-Betrag | | 119,00 € |

**KONTOINFORMATIONEN**
Name des Begünstigten: Fantastic Furniture OHG
Name der Bank: Sparkasse Lippstadt
Adresse der Bank: Spielplatzstraße 10, 59555 Lippstadt
Kontonummer: 1234567
SWIFT-Code: 9876543210

**KONTAKTDATEN**
Felix A. Holz
Telefon: 0123 - 1234 5678
Fax: 0123 - 1234 5679
fantastic-german-furniture.jimdo.de
buchfuehrung@gmx-topmail.de

| Soll | | Buchungssatz | | | | Haben |
|---|---|---|---|---|---|---|
| 5001 | Erlösber.e.Ezrgn. | 100,00 € | an | 24001 | Furniture Dumping | 119,00 € |
| 4800 | Umsatzsteuer 19% | 19,00 € | | | | |

# FANTASTIC FURNITURE OHG

GUTSCHRIFT 0008

19. April 20..

Living & More  
Mr. B. Pitt  
77 Sunset Boulevard  
Las Vegas USA

Fantastic Furniture OHG  
Mastholter Straße 13  
D-59557 Lippstadt

Ihre Rücksendung vom 17. April 20..  
Our Tax-ID: DE1234567890

| Menge | Beschreibung | Einzelpreis | Gesamtbetrag |
|---|---|---|---|
| 1 | Bücherregal "MGM" | 8.700,00 € | 8.700,00 € |

| | | |
|---|---|---|
| | Rabatt | |
| | Zwischensumme | 8.700,00 € |
| | 0% USt. | - € |
| | Brutto | 8.700,00 € |

KONTOINFORMATIONEN  
Name des Begünstigten: Fantastic Furniture OHG  
Name der Bank: Sparkasse Lippstadt  
Adresse der Bank: Spielplatzstraße 10, 59555 Lippstadt  
Kontonummer: 1234567  
SWIFT-Code: 9876543210

KONTAKTDATEN  
Felix A. Holz  
Telefon: 0123 - 1234 5678  
Fax: 0123 - 1234 5679  
fantastic-german-furniture.jimdo.de  
buchfuehrung@gmx-topmail.de

| Soll | | Buchungssatz | | | Haben |
|---|---|---|---|---|---|
| 5000 | Erlöse e. Erzgn. | 8.700,00 € | an | 24003 Living & More | 8.700,00 € |

**Anlagevermögen**

In den ersten Übungen zum betrieblichen Rechnungswesen haben wir uns auch mit dem Kauf von Anlagegütern beschäftigt. Dabei ging es aber allein um einen Aktivtausch oder um eine Aktiv-/Passiv-Mehrung

*Manch ein Anlagegut kann auch recht groß sein*

In den vorherigen Kapiteln haben wir uns aber mit den Aufwands- und den Ertragskonten beschäftigt. Konten, deren Salden Auswirkungen auf das betriebliche Ergebnis haben.

Beim reinen Buchen auf Bestandskonten ergibt sich „Null" Auswirkung auf den Erfolg unseres Unternehmens. Wie aber wird berücksichtigt, dass doch der Wert eines erworbenen Anlagegutes mit zunehmendem Alter, bzw. mit anhaltender Nutzung sinkt? Um dies zu erfahren, müssen wir uns näher mit den Grundlagen der Anlagenbuchführung befassen. Diese wird parallel zur eigentlichen Buchführung vorgenommen. Sie gilt als Nebenbuch.

Zu allererst müssen wir ermitteln, welchen Wert das neue Anlagegut hat. Der *Wert* ist mit dem Begriff „Anschaffungs- und

Herstellungskosten" gleichzusetzen. Das sind die Kosten, die die Anschaffung, bzw. die Herstellung eines Anlagegutes verursacht hat.

Nehmen wir ein Beispiel: Die „Technik AG" hat uns eine große Fräse zur Bearbeitung der Hölzer (Rohstoffe) geliefert. Die Rechnung sah wie folgt aus:

**Technology AG**
*Keep on milling and drilling*

Gripsweg 3
22015 Hamburg
Telefon (040) 9988 7766

# Rechnung

DATUM: 19. April 20..
NUMMER: 85779211

Rechnung an:
**Fantastic Furniture OHG**
Mastholter Straße 13
59557 Lippstadt
Deutschland
+4912312345679

| Produktbeschreibung | Gesamtbetrag |
|---|---|
| 1 Großfräse "Fortuna" | 22.400,00 € |
| Frachtkosten | 980,00 € |
| Ihre Bestellung vom: 10. März 20.. | |
| Unsere Lieferung vom: 17. März 20.. | |
| Netto | 23.380,00 € |
| + 19% Umsatzsteuer | 4.442,20 € |
| Brutto-Rechnungsbetrag | 27.822,20 € |

Nun also müssen wir zuerst herausfinden, wie hoch die Anschaffungs-/Herstellungskosten für die Fräse ausgefallen sind.

Dazu einen Merksatz: Zu den Anschaffungs- und Herstellungskosten (AHK) zählen alle Kosten, die entstanden sind, um das Anlagegut in einen betriebsbereiten Zustand zu versetzen!

*„Betriebsbereit"*... Welche Kosten aus obiger Rechnung zählen dazu?

Erst einmal natürlich der Kaufpreis der Maschine = 22.400,00 €. Aber, wäre die Maschine *betriebsbereit*, wenn sie nicht zu uns transportiert worden wäre? Nein! Also müssen wir die Frachtkosten in Höhe von 980,00 € hinzurechnen.

Was tun wir mit der in der Rechnung ausgewiesenen Umsatzsteuer? Nichts! Sie erinnern sich sicher, dass diese ein durchlaufender Posten ist. Vom Betriebsstätten-Finanzamt erhalten wir diese zurück.

Die *vorläufigen* Anschaffungskosten (AHK) liegen somit bei 23.380,00 €. Wir wird dieser Vorgang nun gebucht?

| Soll | | Buchungssatz | | | Haben |
|---|---|---|---|---|---|
| 700 | TAM | 23.380,00 € | an | 44006 Technik AG | 27.822,20 € |
| 2600 | Vorsteuer | 4.442,20 € | | | |

Sie sehen, die Frachtkosten werden nicht auf einem separaten Konto verbucht, sondern sie werden – weil sie zu den Anschaffungs-

/Herstellungskosten zählen – in einem Betrag mit dem Kaufpreis des eigentlichen Gutes gebucht. Man spricht dabei von der Aktivierung.

Auf der Seite zuvor haben Sie die Formulierung *„vorläufige Anschaffungs- und Herstellungskosten (AHK)"* gelesen. Zugegeben – wieder ein neuer Begriff, den Sie sich merken müssen.

Diese Vorläufigkeit bezieht sich auf die in der Rechnung genannte Zahlungsbedingung:

*„Zahlungsbedingung: 10 Tage 2 % Skonto auf den reinen Maschinenpreis, 30 Tage netto Kasse"*

Bei der Anschaffung von Stoffen und Waren haben wir den Skontoertrag als „Nachlässe" gebucht. Beim Kauf eines Anlagegutes ist dies anders. Der Nachlass der „Technik AG" mindert die Anschaffungskosten der Fräse!

Der Rechnungssteller schreibt, dass nur vom reinen Maschinenpreis (22.400,00 €) Skonto gezogen werden darf. Bei 2% entspricht dies 448,00 €, die die AHK mindern.

Der Buchungssatz beim Ausgleich der Rechnung durch Banküberweisung lautet:

| Soll | Buchungssatz | | | Haben |
|---|---|---|---|---|
| 44006 Technik AG | 27.822,20 € | an | 2800 Bank | 27.289,08 € |
| | | | 0700 TAM | 448,00 € |
| | | | 2600 Vorsteuer | 85,12 € |

Nun ermitteln wir die endgültigen AHK:

| | |
|---|---|
| Kaufpreis Fräse netto | € 22.400,00 |
| +Frachtkosten | € 980,00 |
| -Skonto (Nachlass netto) | € 448,00 |
| AHK (endgültig) | € 22.932,00 |

Dieser Betrag muss auf dem Konto „Technische Anlagen und Maschinen" wieder zu finden sein!

Nun haben wir die endgültigen Anschaffungskosten der Fräse mit € 22.932,00 ermittelt. Mit diesem Betrag haben wir die Fräse *aktiviert*. Das heißt, dieser Wert ist so in unserer Finanzbuchhaltung und später dann in der Bilanz wiederzufinden. Aber Stopp! Hat die Fräse am Ende des Jahres noch den Wert, zu dem wir sie am 19. April erworben haben? Nein, natürlich nicht. Die Maschine hat in den etwas mehr als acht Monaten an Wert verloren.

Die erworbene Maschine zählt – wie wir wissen – zum Vermögen unseres Unternehmens. Wenn dieses Vermögen durch Nutzung und/oder durch Alterung an Wert verliert, müssen wir dies in der Finanzbuchhaltung berücksichtigen.

Sie erinnern sich, wie wir dies zum Beispiel bei unbrauchbaren Rohstoffen gemacht haben. Wir buchten den Verlust an Rohstoffen als Aufwand. Und genauso verfahren wir auch beim Wertverlust des Anlagevermögens; nur nennen wir den Werteverzehr dann anders. Wir sprechen dabei von der *Abschreibung*. Oder aber auf von der *Absetzung für Abnutzung* – kurz *AfA*.

Doch in welcher Höhe darf die *Abschreibung (AfA)* berücksichtigt werden, bzw. um welchen Betrag darf die AfA unseren Gewinn mindern? Denn auch dieses Konto wird über das Gewinn- und Verlustkonto abgeschlossen.

Dazu gibt der Gesetzgeber klare Vorgaben. Für alle erdenklichen Anlagegüter hat er eine Tabelle zusammengestellt. Und in dieser *Abschreibungstabelle* ist genau geregelt, über wie viele Jahre üblicherweise ein Anlagegut genutzt wird. Aus dieser Angabe lässt sich dann die jährliche Abschreibung ermitteln, die bei unserer Fräse zu berücksichtigen ist.

Nehmen wir einmal an, dass für den Bereich der Holzverarbeitung eine stationäre Fräse über einen Zeitraum von 10 Jahren abzuschreiben ist. Dann steht es unserem Unternehmen zu, die

Anschaffungskosten über eben diesen Zeitraum nach und nach als Abschreibung zu berücksichtigen.

Unterstellen wir, dass der Tag der Anschaffung der 19. April 2015 war, so heißt das, dass die Maschine bis 2024 abzuschreiben ist. Aber – mit welchem jährlichen Betrag? Ganz einfach:

Die Anschaffungskosten betrugen € 22.932,00. Über einen Zeitraum von 10 Jahren ist dieser Betrag abzuschreiben:

$$\frac{\text{Anschaffungskosten}}{\text{Nutzungsdauer laut AfA-Tabelle}}$$

$$\frac{22.932,00}{10}$$

AfA pro Jahr = € 2.293,20

Gut, auf diese Weise wird – so einfach es aussehen mag – für jedes Gut die jährliche Abschreibung ermittelt; der Betrag, der für die Nutzung in einem ganzen Wirtschaftsjahr unseren Gewinn mindern darf.

Aber... Schauen wir noch einmal auf das Datum, an dem wir die Fräse erworben haben und an dem sie auch betriebsbereit war: Der 19. April 2015! Demzufolge haben/können wir das Wirtschaftsgut nicht *ein komplettes Wirtschaftsjahr* nutzen! Also (wiederum eine Folge) dürfen wir auch nicht die *Jahresabschreibung* geltend machen, sondern nur einen Teil dessen.

Wichtig! Jeder Monat, in dem ein Anlagegut genutzt wurde (auch in Bruchteilen!), gilt als ein voll genutzter Monat. In unserem Fall war es der 19. April. Dem Gesetz nach dürfen wir also die Abschreibung auch für den ganzen April nutzen. Rechnen wir dies einmal aus:

$$\frac{22.932,00}{10 \text{ Jahre}}$$

$= 2.293,20$ an jährlicher AfA

$$\frac{2.293,20}{12 \text{ Monate}}$$

$= 191,10$ an monatlicher AfA

191,10 x der genutzten Monate (April bis Dezember)

$= 191,10 \times 9$

$= € 1.719,90$

Dies ist die Abschreibung im *Jahr der Anschaffung*. Ergo: Um diesen Betrag wird unser Gewinn gemindert. Doch wie wird das dann gebucht?

*Zuerst ist das Konto mit den endgültigen Anschaffungskosten der Fräse bebucht worden.*

| Soll | 0700 TAM | Haben |
|---|---|---|
| 22.932,00 € | | |

Nun buchen wir die Abschreibung des Jahres 2015 mit dem Buchungssatz:

*Abschreibungen auf Sachanlagen an TAM 1.719,90*

| Soll | 6520 AfA auf Sachanlagen | Haben |
|---|---|---|
| 1.719,90 € | | |

| Soll | 0700 TAM | Haben |
|---|---|---|
| 22.932,00 € | | 1.719,90 € |

Wenn wir nun den Saldo des Kontos TAM ermitteln wollen, bilden wir einfach die Differenz aus der Soll- und aus der Haben-Position:

| Soll | 0700 TAM | Haben |
|---|---|---|
| 22.932,00 € | | 1.719,90 € |
| | | 21.212,10 € |

Dies ist der *restliche Wert*, den die Fräse (zumindest rein rechnerisch) am 31.12.2015 hat. Im Fachdeutsch spricht man vom *Restbuchwert*, dem „restlichen Wert, mit dem die Maschine in den Büchern steht".

Der Restbuchwert wird rechnerisch ermittelt und mit dem Buchungssatz

| Soll | | | Buchungssatz | | | Haben |
|---|---|---|---|---|---|---|
| 8010 | Schlussbilanzkonto | 21.212,10 € | *an* | 0700 | TAM | 2.121,10 € |

in das SBK gebucht.

**Abschreibungsmethoden**

In dem Beispiel der von uns erworbenen Fräse haben wir unterstellt, dass das Anlagegut gemäß AfA-Tabelle über einen Zeitraum von zehn Jahren abgeschrieben wird. Bei der Berechnung der jährlichen AfA haben wir die endgültigen Anschaffungskosten durch die Nutzungsdauer laut AfA-Tabelle geteilt. Damit haben wir erreicht, dass über die fiktive Nutzungsdauer hinweg immer der gleiche Betrag abgeschrieben wird. Im Falle unserer Fräse waren dies € 2.293.20.

*Hoffentlich ist dieses Anlagegut schon voll abgeschrieben.*

Wir sind gleich mit dieser Abschreibungsmethode gestartet, weil dies die gängigste ist. Die gewählte Abschreibungsart ist die lineare Abschreibung. *Linear* deshalb, weil der Betrag der jährlichen Abschreibung über die Nutzungsdauer hinweg gleich bleibt. *Linear* deshalb, weil der Betrag der jährlichen Abschreibung über die Nutzungsdauer hinweg gleich bleibt.

Ein weiterer wichtiger Punkt, den man sich merken muss ist, dass die jährliche Abschreibung bei der linearen AfA von den Anschaffungskosten ermittelt werden muss.

Folgende *Entwicklung des Anlagevermögens* ergibt sich daraus:

| | |
|---|---|
| Anschaffungskosten | € 22.932,00 |
| AfA im Jahr der Anschaffung | €  1.719,90 |
| Restbuchwert 31.12.2015 | € 21.212,10 |
| AfA 31.12.2016 | €  2.293,20 |
| Restbuchwert 31.12.2016 | € 18.918,90 |
| AfA 31.12.2017 | €  2.293,20 |
| Restbuchwert 31.12.2017 | € 16.625,70 |
| … | |
| Restbuchwert 31.12.2023 | €  2.866,50 |
| AfA 31.12.2024 | €  2.293,20 |
| Restbuchwert 31.12.2024 | €    573,30 |
| AfA 31.03.2025 | €    572,30 |
| Restbuchwert 31.03.2025 | €      1,00 |

Üblicherweise wird im letzten Jahr der *Nutzungsdauer laut AfA-Tabelle* nicht der maximal mögliche Betrag als Aufwand gebucht. Man lässt 1 Euro Restbuchwert für die Fräse in der Fibu bestehen. Dieser Wert soll daran *erinnern*, dass das Anlagegut noch existent ist. Deshalb spricht man vom Erinnerungswert.

**Degressive Abschreibung**

Die zweite Möglichkeit, ein Anlagegut abzuschreiben, heißt degressive Abschreibung. Bei dieser Abschreibungsart – die im Augenblick seitens des Gesetzgebers nicht zulässig ist – darf das Anlagegut zu Beginn der Nutzung mit einem höheren Betrag abgeschrieben werden.

Die maximale Höhe des degressiven Abschreibungssatzes errechnet sich wie folgt:

Der Abschreibungssatz der linearen Abschreibung [in unserem Fall 10%] wird mit der Zahl 2,5 multipliziert. Das sich daraus ergebende Ergebnis, das den Wert 25 [%] nicht überschreitet.

Wir errechnen dies am Beispiel der Fräse:

*Abschreibungssatz 10% [100% / 10 Jahre] x 2,5 = 25%.*

Bei der degressiven Abschreibung wird die AfA nicht von den Anschaffungskosten berechnet, sondern vom Restbuchwert des jeweiligen Vorjahres. Rechnen wir dies am Beispiel unserer Fräse durch:

| | |
|---|---|
| Anschaffungskosten | € 22.932,00 |
| AfA im Jahr der Anschaffung | €  4.299,75 |
| *[22.932 x 25% / 12 x 9]* | |
| Restbuchwert 31.12.2015 | € 18.623,25 |
| AfA 31.12.2016 | €  4.655,81 |
| *[25% von 18.623,25]* | |
| Restbuchwert 31.12.2016 | € 13.967,44 |
| AfA 31.12.2017 | €  3.491,86 |
| *[25% von 13.967,44]* | |
| Restbuchwert 31.12.2017 | € 10.475,58 |
| AfA 31.12.2018 | €  2.618,90 |
| *[25% von 10.475,58]* | |
| Restbuchwert 31.12.2018 | €  7.856,68 |
| AfA 31.12.2019 | €  1.964,17 |
| *[25% von 7.856,68]* | |
| Restbuchwert 31.12.2019 | €  5.892,51 |

...

Sie können aus der Wahl dieser Abschreibungsmethode drei Dinge folgern: Zum einen ist es für den steuerpflichtigen Unternehmer von Vorteil, seinen Gewinn zu Beginn der Nutzung um einen relativ hohen Betrag zu mindern.

Zweitens würden wir bei Beibehaltung der degressiven AfA niemals einen Restbuchwert von „0 Euro" erreichen, weil wir immer vom Restbuchwert 25% abschreiben.

Die dritte Sache ist die, dass die Abschreibung im Jahr 4 nach der Anschaffung mit € 1.964,17 unter der möglichen linearen Abschreibung in Höhe von € 2.293,20 liegt. Nun ist die Beibehaltung der degressiven AfA nicht mehr wirtschaftlich sinnvoll.

Nun gibt es also zwei Argumente dafür, die degressive AfA nicht exzessiv zu betreiben. Es würde auch wirklich keinen Sinn machen. Aus diesem Grund hat der Unternehmer die Möglichkeit von der degressiven zur linearen Abschreibung zu wechseln. Wir tun dies in dem Jahr, in dem die lineare Abschreibung über der degressiven Abschreibung liegt! Ein Wechsel von der linearen AfA zur degressiven macht keinen Sinn und ist nicht zulässig!

Der Grund dafür, dass wir das System der degressiven AfA kennen müssen, obwohl sie im Augenblick nicht mehr zulässig ist, liegt darin, dass ein Betrieb, der [zuletzt 2010] noch *legal* diese AfA-Art wählte, noch ein solches Gut im Anlagevermögen haben kann.

*Auf der Folgeseite geht es noch um die letzte Art der Abschreibung, die AfA nach Leistungseinheiten.*

## Abschreibung nach Leistungseinheiten

Seitens der Hersteller von Maschinen etc. kann uns auch die Zahl der Betriebsstunden genannt werden, die die Fräse normalerweise nutzbar ist. Sprich: bis sie verbraucht und unbrauchbar ist.

Nehmen wir an, die Technik AG hat uns für die Fräse eine zu erwartende Nutzungsdauer von 4.000 Betriebsstunden genannt. Dann ermitteln wir die Abschreibung nach Leistungseinheiten wie folgt:

$$\frac{\text{Anschaffungskosten}}{\text{Nutzungsdauer in Std.}}$$

$$\frac{22.932,00}{4.000}$$

AfA pro Stunde [Leistungseinheit] = € 5,733

Nutzen wir die Fräse im Jahr der Anschaffung für zum Beispiel 1.100 Stunden, so können wir die Absetzung für Abnutzung leicht ermitteln:

1.100 [Leistungseinheiten] x [€] 5,733 = € 6.306,30

Auch bei dieser AfA-Methode berücksichtigt man üblicherweise einen Erinnerungswert von € 1,- der in der Finanzbuchhaltung bestehen bleibt.

**Geringwertige Wirtschaftsgüter**

Auch wenn es kaum zu glauben ist, so macht der Gesetzgeber Eingeständnisse gegenüber den Unternehmen. Diese ermöglichen es den Steuerpflichtigen, den Arbeitsaufwand zumindest in Teilen des betrieblichen Rechnungswesens klein zu halten.

So zum Beispiel bei Anschaffungen, die eigentlich im vollen Umfang in der Anlagenbuchführung zu berücksichtigen sind, deren Wert aber eher als unerheblich einzustufen ist. Hierbei sind drei Wertegrenzen zu beachten!

Beispiel Wertegrenze 1:

Ihr Unternehmen erwirbt beim örtlichen PC-Markt einen Multifunktionsdrucker für brutto € 107,10 bar.

Eigentlich müssten wir diesen in der Anlagenbuchführung voll erfassen, ein eigenes Anlagenkarteiblatt führen und und und ...

Um den Aufwand für den Unternehmer zu minimieren, braucht er dies nicht tun und kann die Anschaffungskosten sofort und vollständig als Aufwand buchen. Üblicherweise verwendet man die Konten „Sonstige betriebliche Aufwendungen" oder aber auch „Bürobedarf".

Buchungssatz:

| Soll | | Buchungssatz | | | | Haben |
|---|---|---|---|---|---|---|
| 6930 | Sonst.betr.Aufw. | 90,00 € | an | 2880 | Kasse | 107,10 € |
| 2600 | Vorsteuer | 17,10 € | | | | |

Eine Voraussetzung für die Nutzung dieser Vereinfachungsregel ist es, dass die Netto-Anschaffungskosten des Anlagegutes unter € 150,01 liegen.

Beispiel Wertegrenze 2:

Ihr Unternehmen erwirbt bei einem Fachhändler eine Spiegelreflex-Kamera für brutto € 464,10. Wir zahlen wieder bar.

Der Anschaffungspreis liegt mit netto € 390,00 definitiv über den

€ 150,00, dennoch können wir auch bei diesem Gut von einer Vereinfachungsregel profitieren. Liegen die Anschaffungskosten zwischen € 150,01 und € 410,00 netto (man spricht dabei von *Geringwertigen Wirtschaftsgütern*), so darf der Unternehmer die erworbenen Anlagegüter im Jahr der Anschaffung voll abschreiben!

Buchungssatz:

| Soll | | Buchungssatz | | | | Haben |
|---|---|---|---|---|---|---|
| 0890 | GWG | 390,00 € | an | 2880 | Kasse | 464,10 € |
| 2600 | Vorsteuer | 74,10 € | | | | |

Buchung 31.12.20..:

| Soll | | Buchungssatz | | | | Haben |
|---|---|---|---|---|---|---|
| 6540 | Abschreibung GWG | 390,00 € | an | 0890 | GWG | 390,00 € |

Im Zuge der Wirtschaftskrise 2008/2009 musste der Gesetzgeber auch bei den Geringwertigen Wirtschaftsgütern einschreiten und setzte die gesetzliche Regelung für ein Jahr außer Kraft. Stattdessen führte er eine neue Variante mit einer neuen Wertgrenze ein.

Beispiel Wertgrenze 3:

Das Unternehmen, für das Sie arbeiten, erwirbt am 15.04.20.. einen Schreibtisch für netto € 400,00. Sie kaufen diesen auf Ziel.

Im Jahr 2009 war es Ihnen nur gestattet, Wirtschaftsgüter bis zu einem Netto-Anschaffungspreis von € 150,00 im Jahr der Anschaffung als Aufwand zu buchen. Alle Anschaffungen mit einem Netto-Wert zwischen € 150,01 und € 1.000,00 mussten (in einem so genannten GWG-Pool aktiviert) und über einen Zeitraum von 5 Jahren linear abgeschrieben werden. Die Güter, deren AHK über € 1.000,00 lagen, musste man gemäß AfA-Tabelle abschreiben.

Buchungssatz:

| Soll | | Buchungssatz | | | Haben |
|---|---|---|---|---|---|
| 0895 | GWG-Sammelposten | 400,00 € | an | 4400X Verbindlichkeiten LuL | 476,00 € |
| 2600 | Vorsteuer | 76,00 € | | | |

Am 31. Dezember wird im Zuge der Jahresabschlussarbeiten die AfA gebucht. Das erfolgt auf einem separaten Aufwandskonto „Abschreibung GWG-Sammelposten".

| Soll | | Buchungssatz | | | Haben |
|---|---|---|---|---|---|
| 6541 | AfA GWG-Sammelp. | 80,00 € | an | 0895 GWG-Sammelposten | 80,00 € |

Seit ein paar Jahren ist es so, dass der Unternehmer ein Wahlrecht hat. Er kann wählen, ob er Geringwertige Wirtschaftsgüter mit Anschaffungskosten von € 150,01 bis € 410,00 im Jahr der Anschaffung voll abschreibt oder ob er alle Güter mit einem Anschaffungspreis von € 150,01 bis € 1.000,00 über fünf Jahre verteilt abschreibt.

Dieses Wahlrecht steht ihm für jedes Wirtschaftsjahr neu zu. Entscheidet er sich in 20.. einmal für eine Variante, so hat er diese für das ganze Geschäftsjahr beizubehalten.

Zusammenfassung:

- AHK bis netto € 150,00 – im Jahr der Anschaffung als Aufwand buchen.

- AHK bis netto € 410,00 – das GWG im Jahr der Anschaffung voll abschreiben

*oder*

- AHK zwischen € 150,01 und € 1.000,00 netto – in einem GWG-Pool über 5 Jahre linear abschreiben.

- Das Wahlrecht (GWG und GWG-Pool) besteht für jedes Jahr neu, muss aber in einem Jahr beibehalten werden.

**Gewinn- und Verlustrechnung**

Zum Ende eines Geschäftsjahres muss das Ergebnis der Unternehmung ermittelt werden. Mit Hilfe der daraus gewonnenen Zahlen kann der Unternehmer seine Steuererklärungen erstellen und diese an das Finanzamt übermitteln.

Damit die Ergebnisermittlung erfolgen kann, müssen wir die Salden aller *Erfolgskonten* auf das hierfür vorgesehene *Gewinn- und Verlustkonto (GuV) 8020 (→ IKR Seite 238)* umbuchen.

Zuerst einmal müssen wir hierfür die Salden eines jeden Erfolgskontos (Aufwands-, Ertrags- und Erlöskonten) rechnerisch ermitteln. Nehmen wir der Übersicht halber vier solcher Konten. Auch bei dieser recht geringen Zahl lässt sich die Vorgehensweise gut erklären:

| | Erlöskonto | |
|---|---|---|
| *Soll* | 5000 Erlöse eigene Erzeugnisse | *Haben* |
| | Jahreswerte | 524.366,00 € |

| | Aufwandskonto | |
|---|---|---|
| *Soll* | 6000 Aufwendungen Rohstoffe | *Haben* |
| Jahreswerte | 115.376,00 € | |

|  | Aufwandskonto | |
|---|---|---|
| Soll | 6200 Aufwendungen Löhne | Haben |
| Jahreswerte | 99.425,00 € | |

|  | Aufwandskonto | |
|---|---|---|
| Soll | 6400 Sozialversicherungsbeiträge | Haben |
| Jahreswerte | 19.885,00 € | |

Um die Erfolgskonten ordentlich abzuschließen, ermitteln Sie jeweils die Kontenseite mit dem höheren Saldo. In unserem Beispiel ist das recht einfach.

Im nächsten Schritt wird der Saldo eines jeden Kontos auf das GuV-Konto umgebucht.

| Soll | Buchungssatz | Haben |
|---|---|---|
| 5000 Erlöse eigene Erzgn. | 524.366,00 € an 8020 GuV-Konto | 524.366,00 € |

| Soll | Buchungssatz | Haben |
|---|---|---|
| 8020 GuV-Konto | 115.376,00 € an 6000 Aufwendungen RST | 115.376,00 € |

| Soll | Buchungssatz | Haben |
|---|---|---|
| 8020 GuV-Konto | 99.425,00 € an 6200 Aufwendungen Löhne | 99.425,00 € |

| Soll | | Buchungssatz | | | Haben |
|---|---|---|---|---|---|
| 8020 | GuV-Konto | 19.885,00 € | an | 6400 Sozialversicherungsb. | 19.885,00 € |

Nach dem Ausführen dieser vier Abschlussbuchungen sind die Konten saldiert. Das bedeutet, dass die Soll- und die Habenseiten jeweils die gleiche Summe ausweisen.

| Soll | 5000 Erlöse eigene Erzeugnisse | | Haben |
|---|---|---|---|
| GuV-Konto | 524.366,00 € | Jahreswerte | 524.366,00 € |
| | 524.366,00 € | | 524.366,00 € |

| Soll | 6000 Aufwendungen Rohstoffe | | Haben |
|---|---|---|---|
| Jahreswerte | 115.376,00 € | GuV-Konto | 115.376,00 € |
| | 115.376,00 € | | 115.376,00 € |

| Soll | 6200 Aufwendungen Löhne | | Haben |
|---|---|---|---|
| Jahreswerte | 99.425,00 € | GuV-Konto | 99.425,00 € |
| | 99.425,00 € | | 99.425,00 € |

| Soll | 6400 Sozialversicherungsbeiträge | | Haben |
|---|---|---|---|
| Jahreswerte | 19.885,00 € | GuV-Konto | 19.885,00 € |
| | 19.885,00 € | | 19.885,00 € |

Zusätzlich hat das GuV-Konto alle Salden aufgenommen. Um eine einfache Logikprüfung vorzunehmen, müssen Sie im GuV alle

Aufwendungen auf der Soll- und alle Erlöse und Erträge auf der Habenseite wiederfinden.

| Soll | 8020 Gewinn- und Verlustkonto | | Haben |
|---|---|---|---|
| 6000 Aufw. RST | 115.376,00 € | 5000 Erlöse e.E. | 524.366,00 € |
| 6200 Aufw. Löhne | 99.425,00 € | | |
| 6400 Sozvers.b. | 19.885,00 € | | |

Ist das nicht der Fall, so haben Sie eine oder mehrere Buchungen falsch durchgeführt.

Der letzte Schritt beim Abschließen der Erfolgskonten (und dazu zählt man auch das Gewinn- und Verlustkonto) ist die Ermittlung und Umbuchung des Ergebnisses. Der Begriff „Ergebnis" gilt sowohl für einen Verlust als auch für einen Gewinn.

In unserem Beispiel überwiegen die Erlöse mit € 524.366,00 die Aufwendungen € 234.686,00 (€ 115.376,00 + € 99.425,00 + € 19.885,00). Bei der Differenz von € 289.680,00 handelt es sich somit um einen Gewinn.

Auf der Seite 28 dieses Buches haben Sie gelernt, welche Werte Einfluss auf die Höhe des Eigenkapitals haben. Zum einen sind es die Privatentnahmen und Privateinlagen, zum anderen ist es das Ergebnis der Unternehmung. Daraus können Sie folgern, dass das Ergebnis zu Gunsten oder zu Lasten des Eigenkapitalkontos gebucht wird.

| Soll | Buchungssatz | | | Haben |
|---|---|---|---|---|
| 8020 GuV-Konto | 289.680,00 € | an | 3000 Eigenkapital | 289.680,00 € |

| Soll | 8020 Gewinn- und Verlustkonto | | Haben |
|---|---|---|---|
| 6000 Aufw. RST | 115.376,00 € | 5000 Erlöse e.E. | 524.366,00 € |
| 6200 Aufw. Löhne | 99.425,00 € | | |
| 6400 Sozvers.b. | 19.885,00 € | | |
| 3000 Eigenkapital | 289.680,00 € | | |
| | 524.366,00 € | | 524.366,00 € |

| Soll | 3000 Eigenkapital | Haben |
|---|---|---|
| | 8020 | 289.680,00 € |

Der Saldo des Eigenkapitals wird dann final in das SBK umgebucht.

**Bilanzkennziffern**

Neben der Erfassung aller Geschäftsvorfälle entsprechend der GoB und anderer gesetzlicher Vorgaben bieten die Bilanz und die Gewinn- und Verlustrechnung die Möglichkeit, Kennziffern zu ermitteln, die uns eine Aussage über die Wirtschaftlichkeit und die Solidität der Finanzierung unseres Unternehmens ermöglichen. Diese Aussagen und Einschätzungen treffen wir mit Hilfe der *Bilanzkennziffern*.

Als Basis für einen Teil der Kennziffern nehmen wir folgende Musterbilanz der *"Fantastic Furniture OHG"*:

**Fantastic Furniture OHG, Lippstadt**
**31.12.2015**

| Aktiva | | BILANZ | | Passiva |
|---|---|---|---|---|
| Grundstücke | 123.000,00 € | | Eigenkapital | 600.210,00 € |
| Gebäude I. | 401.000,00 € | | | |
| Gebäude II. | 519.000,00 € | | *FK langfristig* | |
| Fuhrpark | 118.000,00 € | | Hypothekendarl. | 895.000,00 € |
| BGA | 99.200,00 € | | Darlehen | 72.000,00 € |
| Rohstoffe | 82.500,00 € | | *FK kurzfristig* | |
| Hilfsstoffe | 7.510,00 € | | Steuerschulden | 51.600,00 € |
| Betriebsstoffe | 2.800,00 € | | SV-Schulden | 29.800,00 € |
| Forderung LuL | 271.800,00 € | | Verbindl. LuL | 327.500,00 € |
| Kasse | 1.350,00 € | | | |
| Bank | 298.600,00 € | | | |
| Postbank | 51.350,00 € | | | |
| | 1.976.110,00 € | | | 1.976.110,00 € |

*Eigenkapital per 01.01.2015*    421.900,00 €
*Umsatz im Geschäftsjahr 2015*    2.789.000,00 €

Beachten Sie bei Aufgabenstellungen immer auch den Bereich außerhalb der Bilanz-Abbildung. Oftmals verstecken sich dort Werte, die zur Berechnung von Kennziffern benötigen. In unserem Beispiel sind es der *Stand des Eigenkapitals zum 01.01.2015* und die *Umsatzerlöse des Jahres 2015*.

Wie in der Kosten- und Leistungsrechnung sind viele Begriffe im Rahmen der *Kennziffernberechnung* selbsterklärend. Aber, fangen wir doch einfach an:

**Eigenkapitalrentabilität**

Mit diesen Kennziffern sollen wir darstellen, wie *rentabel* das *Eigenkapital* eingesetzt wurde. Anders ausgedrückt, mit wieviel Prozent wurde das *Eigenkapital verzinst*, das wir zu *Beginn des Geschäftsjahres* im Unternehmen belassen haben?

Wir benötigen zur Berechnung also zwei Werte: Den Gewinn des Berichtsjahres und das Eigenkapital zum 1. Januar 2015. *Nicht* das Eigenkapital, dass Sie der Bilanz entnehmen können, denn das ist der Bestand per 31.12.2015!

Den Gewinn errechnen wir, indem Sie vom EK per 31.12.15 das EK per 01.01.15 abziehen:

€ 600.210,00 - € 421.900,00 = € 178.310,00.

Das ist gleichzeitig der Wert der *Verzinsung unseres Eigenkapitals per 01.01.2015*. Nun folgt noch ein Dreisatz:

Eigenkapital € 421.900,00 = 100%

Gewinn € 178.310,00 = x %

€ 178.310,00 x 100 / € 421.900,00 = 42,26356...%

Die Verzinsung des per 01.01.2015 im Betrieb befindlichen Eigenkapitals betrug somit 42,26%.

Aus einigen Bilanzkennziffern können Sie als Außenstehender nicht ableiten, ob der Wert nun *gut* oder ob er *schlecht* ist. Dazu fehlt Ihnen das Wissen. Dass die soeben errechnete *Eigenkapitalrentabilität* von über 42% top ist, steht außer Frage. Bei keiner Bank auf dieser Welt würden Sie eine solch hohe Verzinsung erhalten!

**Fremdkapitalquote**

|  | Passiva |
|---|---|
| Eigenkapital | 600.210,00 € |
| FK *langfristig* | |
| Hypothekendarl. | 895.000,00 € |
| Darlehen | 72.000,00 € |
| FK *kurzfristig* | |
| Steuerschulden | 51.600,00 € |
| SV-Schulden | 29.800,00 € |
| Verbindl. LuL | 327.500,00 € |
|  | 1.976.110,00 € |

Mit dieser Kennziffer stellen wir fest, welchen *prozentualen Anteil (Quote)* das *Fremdkapital* gemessen am *Gesamtkapital (Bilanzsumme)* hat. Für diese Berechnung benötigen wir nur die Werte der *Passivseite* der Bilanz. Das *Gesamtkapital* entspricht mit € 1.976.110,00 100%. Das Fremdkapital ergibt in der Summe aus € 895.000,00 + € 72.000,00 + € 51.600,00 + € 29.800,00 + € 327.500,00 = € 1.375.900,00.

€ 1.976.110,00 = 100%

€ 1.375.900,00 = x %

€ 1.375.900 x 100 / € 1.976.110 = 69.62669...%

Der Anteil des Fremdkapitals am Gesamtkapital (*die Fremdkapitalquote*) betrug 69,63%.

Wir können „aus der Ferne" nicht beurteilen, ob dieser Werte gut oder schlecht ist. Eine Aussage ist nur möglich, wenn wir unser Unternehmen im *Branchenvergleich* mit anderen sehen.

**Eigenkapitalquote**

Wir haben nun also errechnet, dass die *Fremdkapitalquote* 69,63 % beträgt. Das Fremdkapital macht also 69,63% des *Gesamtkapitals (Eigenkapital + Fremdkapital)* aus. Somit können wir leicht ausrechnen, die hoch denn die *Eigenkapitalquote* (der Anteil des EK am Gesamtkapital) ist.

100% - 69,63% [FK-Quote] = 30,37%

## Anlagendeckung I.

Wieder ein griffiger Name einer Kennziffer. Diese soll aussagen, wie solide unser Anlagevermögen finanziert wurde. Das Optimum wäre eine 100%ige Finanzierung durch Eigenkapital. Man hätte somit aus den vorhandenen Mitteln den Kauf der Anlagegüter bestreiten können.

**Fantastic Furniture OHG, Lippstadt**
**31.12.2015**

| Aktiva | | BILANZ | Passiva |
|---|---|---|---|
| Grundstücke | 123.000,00 € | Eigenkapital | 600.210,00 € |
| Gebäude I. | 401.000,00 € | | |
| Gebäude II. | 519.000,00 € | *FK langfristig* | |
| Fuhrpark | 118.000,00 € | Hypothekendarl. | 895.000,00 € |
| BGA | 99.200,00 € | Darlehen | 72.000,00 € |
| Rohstoffe | 82.500,00 € | *FK kurzfristig* | |
| Hilfsstoffe | 7.510,00 € | Steuerschulden | 51.600,00 € |
| Betriebsstoffe | 2.800,00 € | SV-Schulden | 29.800,00 € |
| Forderung LuL | 271.800,00 € | Verbindl. LuL | 327.500,00 € |
| Kasse | 1.350,00 € | | |
| Bank | 298.600,00 € | | |
| Postbank | 51.350,00 € | | |
| | 1.976.110,00 € | | 1.976.110,00 € |

*Eigenkapital per 01.01.2015*   421.900,00 €
*Umsatz im Geschäftsjahr 2015*   2.789.000,00 €

Ein recht selten vorkommendes Phänomen, dennoch schauen wir einmal nach, wie hoch der Prozentsatz in unserer Musterbilanz ist.

Die *Summe des Anlagevermögens* beträgt (€ 123.000 + € 401.000 + € 519.000 + € 118.000 + € 99.200) € 1.260.200,00. Diese Zahl entspricht 100%. Und eben diesem Euro-Betrag stellen wir das

Eigenkapital gegenüber und errechnen, wieviel Prozent des Anlagevermögens durch das Eigenkapital finanziert wurden.

€ 1.260.200,00 = 100%

€ 600.210,00 = x %

€ 600.210,00 x 100 / € 1.260.200,00 = 47,628154...%

Gerundet ergibt dies einen Wert von 47,63%. Und zu eben diesem Prozentsatz ist das Anlagevermögen durch das EK finanziert. Weit entfernt von 100%, dennoch nicht Schlaf raubend, weil es relativ selten vorkommt, dass ein Unternehmen so gut aufgestellt ist. Stellen Sie sich nur einmal vor, wie schwer eine 100%ige Finanzierung aus dem EK bei einer Großimmobilie zu realisieren ist! Da diese Immobilien langfristig finanziert wurden, unsere Liquidität aber wegen der langen Laufzeit des Hypothekendarlehens nur moderat belastet, gilt dieses *langfristige Fremdkapital* als *solide* finanziert.

**Anlagendeckung II.**

Diesem Sachverhalt, bzw. dieser Einschätzung verdanken wir die Kennziffer „*Anlagendeckung II.*". Bei der Berechnung nehmen wir erneut die Summe des Anlagevermögens (€ 1.260.200,00) und stellen diesen sowohl das *Eigenkapital* (€ 600.210,00) *als auch das langfristige Fremdkapital* (€ 967.000,00) gegenüber:

€ 1.260.200,00 = 100%

€ 1.567.210,00 = x %

€ 1.567.210,00 x 100 / € 1.260.200,00 = 124,362006...%

Gerundet sind das dann 124,36%. Wir können also die Aussage treffen, dass das gesamte Anlagevermögen durch Eigenkapital und langfristiges Fremdkapital gedeckt ist. Auch wenn es *nur die Anlagendeckung II.* ist, ist das Unternehmen solide finanziert.

**Liquidität 1. Grades**

Zur Berechnung dieser Bilanzkennziffer benötigen wir verschiedene Werte aus der Ihnen bereits bekannten Grafik. Doch bevor wir uns die Zahlen heraus schreiben, will ich Ihnen kurz den *Sinn* des Rechnens aufzeigen: Die *Liquidität 1. Grades* sagt aus, welcher Anteil (Prozentsatz) der *kurzfristigen Verbindlichkeiten* (Restlaufzeit von bis zu einem Jahr) wir mit Hilfe der *liquiden Mittel* hier und jetzt bezahlen könnten. Bei der *Liquidität 1. Grades ist mit „liquiden*

*Mitteln"* die Summe des Vermögens aus *Kasse, Bank und Postbank* gemeint.

Berechnen wir diese Kennziffer, so setzen wir die *kurzfristigen Verbindlichkeiten* (Summe aus € 51.600,00 + € 29.800,00 + € 327.500,00 = € 408.900,00) mit 100% gleich. Die Summe der *liquiden Mittel* ergibt aus € 1.350,00 + € 298.600,00 + € 51.350,00 = € 351.300,00.

€ 408.900,00 = 100%

€ 351.300,00 = x %

€ 351.300,00 x 100 / € 408.900,00 = 85,913426...%

Diese Auswertung ergibt, dass wir *hier und jetzt* in der Lage wären, [gerundet] 85,91% unserer kurzfristigen Forderungen zu begleichen. Aber eben *nicht* 100%! Und aus diesem Grund machen wir weiter mit der

**Liquidität 2. Grades**

Richtig nachvollziehbar oder als realitätsnah kann man die *Liquidität 1. Grades* nicht bezeichnen. Denn, wenn es um den Ausgleich der *kurzfristigen Schulden* geht, so müssen wir denen doch auch unsere *Forderungen aus Lieferungen und Leistungen* gegenüber stellen. Und deshalb erhöht sich die Summe der *liquiden Mittel* um € 271.800,00 auf € 623.100,00.

€ 408.900,00 = 100%

€ 623.100,00 = x %

€ 623.100,00 x 100 / € 408.900,00 = 152,384446…%

So sind wir gerundet bei 152,38% und können die Aussage treffen, dass die *kurzfristigen Verbindlichkeiten* problemlos unter Zuhilfenahme der *liquiden Mittel* bezahlt werden können. Eine Zahl, mit der auch Ihr Banker zufrieden sein dürfte, da der Zufluss der *Forderungen aus Lieferungen und Leistungen* zu nahezu 100% als gesichert angesehen werden kann.

**Umsatzrentabilität**

Dieser – erneut – selbsterklärende Name einer Kennziffer sagt, dass nun die *Rentabilität des Umsatzes* zu berechnen ist. Wie *rentabel*, wie *wirtschaftlich* war unser Umsatz. Sprich: Welcher Gewinn steht dem Umsatz gegenüber? Um das zu berechnen, benötigen wir unbedingt die Information in der *Fußnote* der Bilanz. Dort steht geschrieben, dass der *Umsatz des Berichtsjahres* € 2.789.000,00 und der *Gewinn* € 178.310,00 betrug. Die Berechnung ist recht einfach:

€ 2.789.000,00 = 100%

€  178.310,00 =  x %

€ 178.310,00 * 100 / 2.789.000,00 = 6,7393330%

Im abgeschlossenen Geschäftsjahr konnten wir somit je € 100,00 Umsatz € 6,74 an Gewinn erzielen.

Ob die errechnete Kennziffer nun gut oder weniger gut ist, können wir nicht beurteilen. Dafür benötigen wir Vergleichszahlen aus der Branche. Und wenn Sie die einmal einsehen möchten, fragen Sie den für Sie zuständigen Firmenkundenberater Ihrer Hausbank. Der hat sie ganz bestimmt im Schreibtisch, da für ihn solche Branchenwerte als Handwerkszeug gelten.

**Die Handelskalkulation**

Zuerst einmal möchte ich Ihnen die Begriffe erläutern, mit denen Sie in der Kalkulation des Listen-Verkaufspreises konfrontiert werden.

**Handelskalkulation**

|   |   |
|---|---|
| Listen-Einkaufspreis | Diesen Preis weist der Lieferant in seiner Liste aus; für *Einmalkunden* z.B. |
| - Lieferer-Rabatt | Dies ist der Rabatt, den der Lieferant z.B. bei *größeren Aufträgen* gewährt. |
| = Ziel-Einkaufspreis | Der Betrag, den wir bei Zahlung *innerhalb des Zahlungsziels überweisen*. |
| - Lieferer-Skonto | Diesen Abzug gewährt uns der Lieferant *bei frühzeitiger Zahlung*. |
| = Bar-Einkaufspreis | Der Betrag, den wir bei *frühzeitiger Zahlung überweisen* müssen. |
| + Bezugskosten | Hinzu kommen nun die *Kosten, die der Bezug verursacht* hat (Fracht, Zölle...) |
| = Bezugspreis | Die Summe aus Bar-EK und Bezugskosten ergibt den Preis, den uns *der Bezug gekostet hat*. |
| + Handlungskosten | Diese Kosten *entstehen durch das Handling* der eingekauften Waren. |
| = Selbstkosten | Die *Summe aus Bezugspreis und Handling* sind die Selbstkosten. |
| + Gewinnzuschlag | Gemäss der *Gewinnvorgaben* werden "x" Prozent auf die Selbstkosten geschlagen. |
| = Bar-Verkaufspreis | Der Bar-VK ist der Preis, den wir *mindestens* von unseren Kunden bekommen müssen. |
| + Kunden-Skonto | Diesen Nachlass gewähren wir unseren Kunden *vom Ziel-Verkaufspreis*. |
| = Ziel-Verkaufspreis | *Bar-VK + gewährter Kunden-Skonto* sind gleich dem Ziel-VK. |
| + Kunden-Rabatt | Diesen Rabatt gewähren wir unseren Kunden *vom Listen-Verkaufspreis*. |
| = Listen-Verkaufspreis | Zu diesem Preis bieten wir den Artikel z. B. *Einmalkunden* an. |

Nachdem Sie nun die einzelnen Begrifflichkeiten verinnerlicht haben, geht es darum, zu verstehen, auf welchen, bzw. von welchem der in der Liste genannten Beträge ein Prozentsatz auf- oder abzuschlagen ist.

**Handelskalkulation**

```
  Listen-Einkaufspreis
- Lieferer-Rabatt           prozentualer Abschlag vom Listen-EK
= Ziel-Einkaufspreis
- Lieferer-Skonto           prozentualer Abschlag vom Ziel-EK
= Bar-Einkaufspreis
+ Bezugskosten              Betrag in Euro
= Bezugspreis
+ Handlungskosten           prozentualer Aufschlag in Euro
= Selbstkosten
+ Gewinnzuschlag            prozentualer Aufschlag in Euro
= Bar-Verkaufspreis
+ Kunden-Skonto             prozentualer Abschlag vom Ziel-VK
= Ziel-Verkaufspreis
+ Kunden-Rabatt             prozentualer Abschlag vom Listen-VK
= Listen-Verkaufspreis
```

Beginnen wollen wir unsere Beispielrechnung mit der Position *Listen-Einkaufspreis* bis hin zum *Bezugspreis*.

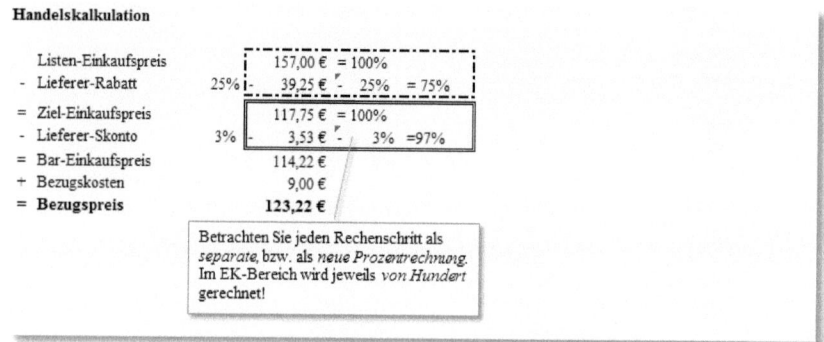

Sie müssen dabei bitte jeden Rechenschritt (Listen-EK → Ziel-EK und Ziel-EK → Bar-EK) als eigenständige Prozentrechnung behandeln. Sie müssen Schritt für Schritt vorgehen und dabei das Zwischenergebnis wieder mit 100% gleichsetzen. *Vom Listen-EK* erhalten wir 25% Rabatt. Und *vom Ziel-EK* können wir bei rechtzeitiger Zahlung 3% Skonto abziehen.

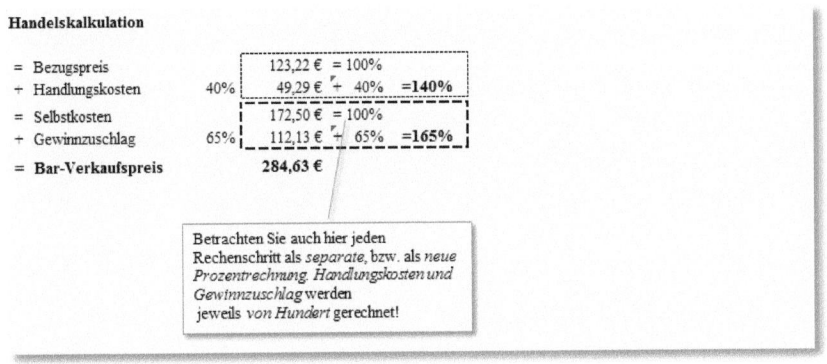

Auf den Bezugspreis müssen wir nun die Kosten aufschlagen, die *das Handling* verursacht. Zum Beispiel die Warenannahme, -einlagerung, die Buchhaltung und die Kosten des Vertriebs. Haben wir diese *separate Rechnung* erledigt, setzen wir das Ergebnis wiederum 100% gleich und berechnen davon den Gewinnzuschlag in Höhe von 65%. Der ermittelte Bar-Verkaufspreis entspricht dem Betrag, den die Geschäftsführung für den kalkulierten Artikel *mindestens* erhalten will.

Also ist das der Betrag, der *nach* der Gewährung von Kunden-Rabatt und Kunden-Skonti verbleiben *muss*!

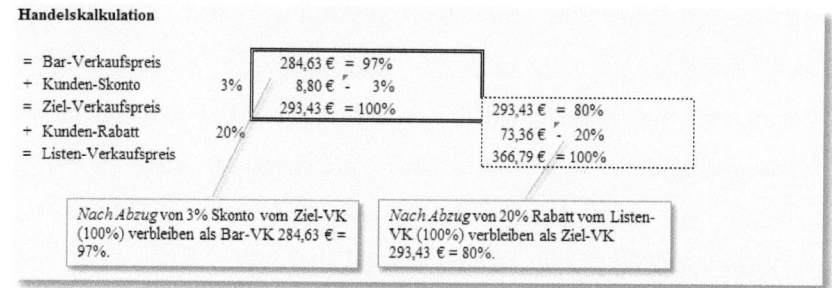

Wenn wir unseren Kunden zum Beispiel einen *Rabatt von maximal 20%* und einen *Skontoabzug* gewähren, verbleiben von dem ermittelten Listen-VK so viel Euro, wie es die Geschäftsführung laut Gewinnzuschlag-Vorgabe gewünscht hat.

Nun aber zu den einzelnen, oben dargestellten Rechenschritten. Der *Bar-Verkaufspreis* ist der Betrag, der *nach Abzug* von Skonto verbleiben soll. Der Kunde darf *vom Ziel-Verkaufspreis* 3% Skonto ziehen und überweist dann nur noch *97% des Ziel-VK* an uns.

Der Kunde erhält *vom Listen-VK* 20% Rabatt. Wenn er innerhalb des Zahlungsziel*80% des Listen-VK* = € 293,43 an uns überweisen. = € 293,43 an uns überweisen.

**Gliederung der Bilanz nach § 266 HGB**

(1) Die Bilanz ist in Kontoform aufzustellen. Dabei haben große und mittelgroße Kapitalgesellschaften (§ 267 Abs. 3, 2) auf der Aktivseite die in Absatz 2 und auf der Passivseite die in Absatz 3 bezeichneten Posten gesondert und in der vorgeschriebenen Reihenfolge auszuweisen. Kleine Kapitalgesellschaften (§ 267 Abs. 1) brauchen nur eine verkürzte Bilanz aufzustellen, in die nur die in den Absätzen 2 und 3 mit Buchstaben und römischen Zahlen bezeichneten Posten gesondert und in der vorgeschriebenen Reihenfolge aufgenommen werden.

(2) Aktivseite

A. Anlagevermögen:

I. Immaterielle Vermögensgegenstände:
1. Konzessionen, gewerbliche Schutzrechte und ähnliche Rechte und Werte sowie Lizenzen an solchen Rechten und Werten;
2. Geschäfts- oder Firmenwert;
3. geleistete Anzahlungen;

II. Sachanlagen:
1. Grundstücke, grundstücksgleiche Rechte und Bauten einschließlich der Bauten auf fremden Grundstücken;
2. technische Anlagen und Maschinen;
3. andere Anlagen, Betriebs- und Geschäftsausstattung;
4. geleistete Anzahlungen und Anlagen im Bau;

III. Finanzanlagen:
1. Anteile an verbundenen Unternehmen;
2. Ausleihungen an verbundene Unternehmen;
3. Beteiligungen;

4. Ausleihungen an Unternehmen, mit denen ein Beteiligungsverhältnis besteht;
   5. Wertpapiere des Anlagevermögens;
   6. sonstige Ausleihungen.

B. Umlaufvermögen:

I. Vorräte:
   1. Roh-, Hilfs- und Betriebsstoffe;
   2. unfertige Erzeugnisse, unfertige Leistungen;
   3. fertige Erzeugnisse und Waren;
   4. geleistete Anzahlungen;
II. Forderungen und sonstige Vermögensgegenstände:
   1. Forderungen aus Lieferungen und Leistungen;
   2. Forderungen gegen verbundene Unternehmen;
   3. Forderungen gegen Unternehmen, mit denen ein Beteiligungsverhältnis besteht;
   4. sonstige Vermögensgegenstände;
III. Wertpapiere:
   1. Anteile an verbundenen Unternehmen;
   2. eigene Anteile;
   3. sonstige Wertpapiere;
IV. Kassenbestand, Bundesbankguthaben, Guthaben bei Kreditinstituten und Schecks.

C. Rechnungsabgrenzungsposten.

(3) Passivseite

A. Eigenkapital:

I. Gezeichnetes Kapital;
II. Kapitalrücklage;
III. Gewinnrücklagen:

1. gesetzliche Rücklage;
2. Rücklage für eigene Anteile;
3. satzungsmäßige Rücklagen;
4. andere Gewinnrücklagen;
IV. Gewinnvortrag/Verlustvortrag;
V. Jahresüberschuss/Jahresfehlbetrag.

B. Rückstellungen:
1. Rückstellungen für Pensionen und ähnliche Verpflichtungen;
2. Steuerrückstellungen;
3. sonstige Rückstellungen.

C. Verbindlichkeiten:
1. Anleihen
davon konvertibel;
2. Verbindlichkeiten gegenüber Kreditinstituten;
3. erhaltene Anzahlungen auf Bestellungen;
4. Verbindlichkeiten aus Lieferungen und Leistungen;
5. Verbindlichkeiten aus der Annahme gezogener Wechsel und der Ausstellung eigener Wechsel;
6. Verbindlichkeiten gegenüber verbundenen Unternehmen;
7. Verbindlichkeiten gegenüber Unternehmen, mit denen ein Beteiligungsverhältnis besteht;
8. sonstige Verbindlichkeiten,
davon aus Steuern,
davon im Rahmen der sozialen Sicherheit.

D. Rechnungsabgrenzungsposten.

# Kosten- und Leistungsrechnung
*Lernfeld 10*

## Die Aufgaben der Kosten- und Leistungsrechnung

Die Finanzbuchhaltung des Unternehmens bezeichnet man auch als das „Externe Rechnungswesen". Das Ergebnis der Unternehmung wird entsprechend der Vorgaben aus dem Handels- und Steuerrecht ermittelt. So ermöglicht es der Finanzverwaltung, Investoren, Banken und anderen Kreditgebern, einen Einblick in die Ertragslage des Unternehmens zu gewinnen.

Die Kosten- und Leistungsrechnung (KLR) hingegen wird als das „Interne Rechnungswesen" bezeichnet. Sie beinhaltet eine Ergebnisermittlung, die nicht zwingend „nach außen" kommuniziert wird. Das aus ihr resultierende Reporting erfolgt speziell für die Geschäftsführung, die Abteilungsleiter und die so genannten Kostenstellenverantwortlichen.

*KLR in der Möbelfertigung*

Alle Berechnungen innerhalb der KLR erfolgen im Zusammenhang mit der betrieblichen Leistungserstellung. Also mit allem, was mit dem eigentlichen Betriebszweck (im Falle unserer „Fantastic Furniture OHG"), also der Herstellung von und dem Handel mit Wohnmöbeln zu tun hat. Geschäftsfälle, die diesen Bereich nicht direkt betreffen, bzw. ein Nebeneffekt der Unternehmung sind, werden gezielt ausgeklammert.

Am Schluss der KLR steht die Ermittlung der so genannten Selbstkosten, bezogen auf die einzelnen Abteilungen, unsere selbstgefertigten oder fremdbezogenen Artikel und/oder die Artikelgruppen. Damit lässt sich ermitteln, wie wirtschaftlich die Produktion eines Artikel, eines Betriebsbereiches oder der ganzen Unternehmung war. Wir können so auch feststellen, mit wieviel Euro ein Artikel zur Deckung unserer fixen Kosten beiträgt und ab welcher Stückzahl zum Beispiel ein Gewinn generiert werden kann.

All diese Ergebnisse helfen der „Fantastic Furniture OHG" dabei, sich mit einem optimal aufgebauten Zahlenwerk auf die künftige Preisgestaltung und Positionierung am Markt vorzubereiten.

**Die Grundbegriffe der KLR**

Zuerst einmal betrachten wir die teilweise ganz neuen Begriffe, mit denen Sie konfrontiert werden. Diese weichen von den gebräuchlichen Worten aus der Finanzbuchhaltung ab. Gewiss, für den Lernenden ist diese Erkenntnis oft mit einem „Noch mehr Begriffe!" verbunden. Dennoch helfen diese neuen Worte, die ausschließlich in der KLR Verwendung finden, beide Bereiche des Rechnungswesens voneinander zu trennen; sie auseinanderhalten zu können.

**Aufwendungen – Kosten**

In der Finanzbuchhaltung findet durchgehend der Begriff „Aufwendungen" Verwendung. Dort bezeichnen wir alles, was die Ergebnisrechnung negativ beeinflusst, als *Aufwendungen*. Die KLR kennt diesen Begriff nicht. Hier werden die in Euro ausgedrückten Beträge, die unseren eigentlichen Betriebszweck (Möbel-Fertigung und –Handel) betreffen, als „Kosten" bezeichnet.

**Erträge/Erlöse – Leistungen**

Sprechen wir im „externen Rechnungswesen" von Erträgen, so meinen wir damit alle gewinnerhöhenden „Einnahmen" unseres Unternehmens. So zum Beispiel Umsatzerlöse, Mieterträge und Zinserträge. All diese Werte beeinflussen unser Ergebnis und freuen  die Finanzverwaltung. „Leistungen" hingegen sind nur die Werte, die wir im Rahmen unserer unternehmerischen Tätigkeit – also mit der Verfolgung des besagten „Betriebszwecks" – erbringen. Das sind nicht nur die Leistungen, die sich auf die Umsatzerlöse unserer Unternehmung auswirken, sondern auch die Möbelstücke, die wir „für das Lager" produzieren. Die Dinge, die mit der Fertigung und dem Handel nichts zu tun haben, werden nicht als „Leistungen" bezeichnet.

> Als *Leistungen* bezeichnen wir jede Form der *Produktivität*, sofern mit ihr der eigentliche *Zweck des Betriebes* verfolgt wird.

**Die Rechnungskreise I. und II.**

Im vorherigen Abschnitt haben Sie gelernt, dass die Art der Ergebnisermittlung im externen und dem internen Rechnungswesen unterschiedlich gehandhabt wird. Im „Externen" wird alles berücksichtigt, was der Gesetzgeber verlangt, im „Internen" hingegen nur das, was mit dem Betriebszweck zu tun hat.

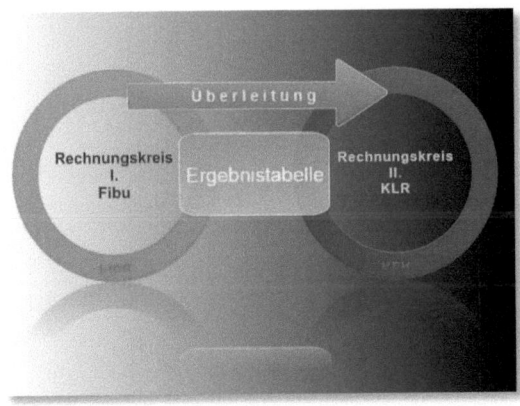

Zwei Rechenweisen also, die aber doch einiges gemeinsam haben. Zumindest so viel, dass die Werte teilweise aus der Finanzbuchhaltung in die KLR übernommen werden können. Und um in einer Sprache sprechen zu können, unterscheidet man am die beiden Arten des Rechnungswesens der Einfachheit

halber zwischen „Rechnungskreis I." (Fibu) und „Rechnungskreis II."
(KLR).

Diese Grafik soll Ihnen verdeutlichen, wie nah die beiden Bereiche beieinander stehen. Sie haben gewisse Gemeinsamkeiten, jedoch unterscheiden sie sich durch die Rechenweisen auch wieder erheblich voneinander. Wir wissen, dass wir einen Teil der betrieblichen Aufwendungen, nämlich die, die dem eigentlichen Betriebszweck zuzuordnen sind, in die KLR übernehmen müssen. Ebenso auch einen Teil der Erlöse und Erträge. Diese Übernahme kann theoretisch in Form einer Tabelle erfolgen oder auch als Liste, die mit freier Hand gezeichnet wurde. Das macht jedoch nur in der Theorie Sinn, da wir ganz genau nachverfolgen müssen, welche Werte wir in welcher Höhe übernehmen können und welche wir herausfiltern.

Für diese Überleitung vom Rechnungskreis I. in den Rechnungskreis II. verwenden wir die so genannte „Ergebnistabelle". Mit ihrer Hilfe gelingt es uns, sauber und nachvollziehbar darzustellen, wie unsere Berechnungen erfolgt sind.

**Die Ergebnistabelle**

In die Ergebnistabelle werden alle Aufwendungen, Erträge und Erlöse übernommen, die uns vom externen Rechnungswesen übergeben wurden. In der Spalte [1] werden die betreffenden Kontonummern des IKR genannt. Daneben, in Spalte [2], die Kontenbezeichnungen. In Spalte [3] werden die betrieblichen Aufwendungen eingetragen und in die Spalte [4] die Erträge und Erlöse. Am unteren Ende der Spalten werden die beiden Summen gebildet und der Saldo ermittelt. Sind die Aufwendungen größer als die Erträge und Erlöse, hat das Unternehmen einen Verlust erwirtschaftet. Überwiegen die Erträge und Erlöse, so wurde ein Gewinn erzielt.

| Rechnungskreis I. | | | |
|---|---|---|---|
| Erfolgsbereich | | | |
| Geschäftsbuchführung, Kontenklassen 5, 6 und 7 | | | |
| Konto [1] | Kontenbezeichnung [2] | Aufwendungen [3] | Erträge [4] |
| 5000 | Umsatzerlöse eig. Erz. | | 10.370.950,00 |
| 5100 | Erlöse Handelswaren | | 398.500,00 |
| 5202 | Bestandsveränd.e.E. | | 197.200,00 |
| 5400 | Mieterträge | | 7.200,00 |
| 5410 | Erträge a.d.A.v.AV | | 13.500,00 |
| 5710 | Zinserträge | | 1.720,00 |
| 5490 | Periodenfr. Erträge | | 3.100,00 |
| 5600 | Erträge a.a.Finanzanl. | | 2.530,00 |
| 5800 | Außerord. Erträge | | 1.890,00 |
| 6000 | Aufw. Rohstoffe | 5.632.725,00 | |
| 6020 | Aufw. Hilfsstoffe | 128.210,00 | |
| 6030 | Aufw. Betriebsstoffe | 16.844,00 | |

Jeder Betrag, der in einer Zeile der Ergebnistabelle erscheint, muss in der gleichen Zeile zumindest in Summe ein zweites Mal genannt werden. Ist dies nicht der Fall, hat sich ein Fehler eingeschlichen!

Dieses Ergebnis heißt in der Ergebnistabelle „Gesamtergebnis".
Nun sind wir also soweit, dass die Überleitung vom Rechnungskreis I.
in den Rechnungskreis II. erfolgen kann. Dabei müssen wir nun
überlegen, welche Werte wir übernehmen dürfen, welche weder
Kosten noch Leistungen darstellen und welche Zahlen der
Kostenrechner zusätzlich in die KLR einfließen lassen will.

Eine der wichtigsten Erkenntnisse muss für Sie sein, dass der
Kostenrechner, bzw. die Kostenrechnerin von Hause aus eine
Schwarzmalerin ist. Diese Spezies Mensch verkörpert den
Pessimismus. An sich mögen sie fröhliche Menschen sein, im Betrieb
aber rechnen sie immer mit dem Schlimmsten. Und das tun sie –

| Rechnungskreis I. | | | | Rechnungskreis II. | |
|---|---|---|---|---|---|
| Erfolgsbereich | | | | Kosten- und | |
| Geschäftsbuchführung, Kontenklassen 5, 6 und 7 | | | | Leistungsrechnung | |
| Konto | Kontenbezeichnung | Aufwendungen | Erträge | Kosten | Leistungen |
| [1] | [2] | [3] | [4] | [9] | [1][0] |
| 5000 | Umsatzerlöse eig. Erz. | | 10.370.950,00 | | |
| 5100 | Erlöse Handelswaren | | 398.500,00 | | |
| 5202 | Bestandsveränd.e.E. | | 197.200,00 | | |

unglaublicher Weise – zum Vorteil ihres Arbeitgebers. Doch dazu
später mehr.

Wir stehen also immer noch vor der Frage, welche Zahlen der Fibu in
die KLR übernommen werden. Wir hinterfragen bei jedem Fibu-Wert,
ob dessen Entstehen in direktem Zusammenhang mit dem eigentlichen
Betriebszweck stand. Anders ausgedrückt: Sind die Aufwendungen,
Erträge und Erlöse dadurch entstanden, dass die „Fantastic Furniture
OHG" mit Möbeln handelt und diese selbst produziert? Falls ja, so

sind die Aufwendungen 1:1 in die Spalte ⑨ zu übernehmen. Wir sprechen in diesem Fall von *Grundkosten*, bzw. von *Aufwandsgleichen Kosten*, also solchen Kosten, die dem Aufwand gleich sind.

Ebenso verfährt man mit den Erlösen. Die „Erlöse eigene Erzeugnisse" in Höhe von € 10.370.950 und die „Erlöse Handelswaren" € 398.500 zeigen die Zahlen (die Umsätze), die wir im Rahmen des eigentlichen Betriebszwecks generieren konnten. So werden auch diese in die Kostenrechnung übernommen; und zwar in die Spalte ①⓪ „Leistungen".

Unter den Werten der Fibu finden Sie auch den Posten „Bestandsveränderungen". Der Fibu-Wert ist positiv und wird auf der gleichen Seite wie die Erlöse und Erträge genannt. Nun fragen Sie sich zurecht, wieso eine Bestandsveränderung denn den Gesamtgewinn erhöht. Ihr Fibu-Grundwissen voraussetzend versuchen Sie doch bitte einmal kurz nachzuvollziehen, welcher

| Konto ① | Kontenbezeichnung ② | Aufwendungen ③ | Erträge ④ | Kosten ⑨ | Leistungen ①⓪ |
|---|---|---|---|---|---|
| 5000 | Umsatzerlöse eig. Erz. | | 10.370.950,00 | | 10.370.950,00 |
| 5100 | Erlöse Handelswaren | | 398.500,00 | | 398.500,00 |
| 5202 | Bestandsveränd.e.E. | | 197.200,00 | | 197.200,00 |

Buchungssatz dem Geschäftsfall zu Grunde lag. Eine Bestandsveränderung wird immer ermittelt, wenn im Zuge der Inventur der Euro-Wert der (zum Beispiel) fertigen eigenen Erzeugnisse ermittelt wird. Liegt dieser Wert über dem

Anfangsbestand, der zu Beginn des Wirtschaftsjahres mit dem Buchungssatz „Eigene Erzeugnisse *an* Eröffnungsbilanzkonto" gebucht wurde, so muss die Veränderung der Bestände erfasst werden. Der Inventurwert ist dabei das Maß aller Dinge. Liegt nun der Inventurwert über dem Anfangsbestand, so muss es ja so sein, dass unsere Kollegen in der Fertigung mehr produzierten, als der Vertrieb hat verkaufen können. Der Lagerbestand wurde also um die genannten € 197.200,00 aufgebaut. Auch wenn diese Artikel nicht verkauft wurden, so haben die Kollegen der Fertigung dennoch eine Leistung erbracht. Und diese Leistung wird – wie bereits zuvor erläutert - in Euro bewertet in die entsprechende Spalte [1][0] übertragen.

Zurück zu den Aufwendungen. Wir haben soeben definiert, welche Aufwendungen „Grundkosten" sind und somit 1:1 in die Kostenspalte übernommen werden. Das waren die, die durch den eigentlichen Zweck der Unternehmung entstanden sind. Doch welche stellen keine Grundkosten dar? Zum Beispiel die „Neutralen Erträge" und die „Neutralen Aufwendungen". Schon im Rechnungskreis I. werden sie als „neutral" behandelt. Als eben solche, die ein Nebeneffekt des Betriebes sind, aber nichts mit der eigentlichen Leistungserstellung zu tun haben.

**Neutrale Erträge**

Als erstes Beispiel sollen die „Mieterträge" gelten. Der Grund für die Buchungen auf dem Konto kann nur sein, dass wir einen Teil der uns zur Verfügung stehenden Räume an einen Dritten vermietet haben. Wieder stellen wir uns die Frage: „Hat dieser Ertrag mit unserer eigentlichen betrieblichen Tätigkeit zu tun?" „Nein", spricht der Kostenrechner, „wir sind doch keine Wohnungsbaugesellschaft! Für diese wären es Leistungen, für uns sind sie es nicht und deshalb müssen diese auch neutralisiert werden."

Diese *Neutralisierung* erfolgt durch das Eintragen der Zahlen in die Felder der Spalte *Neutrale Aufwendungen* ⑤ und *Neutrale Erträge* ⑥ *(siehe hierzu den Ausriss auf der Folgeseite!).*

Schauen wir nun auf die nächste Position, die „Erträge aus dem Abgang von Anlagevermögen". Dieses Konto wird im Rechnungskreis I. bebucht, wenn wir ein Anlagegut (zum Beispiel einen Lkw aus unserem Fuhrpark) zu einem höheren Preis verkaufen, als sein Restbuchwert zum Zeitpunkt des Verkaufes ist. Neutralisieren müssen wir diesen Ertrag, weil wir das Unternehmen nicht betreiben, um Anlagegüter mit Gewinn oder Verlust zu veräußern.

Genauso verhält es sich bei der Position der „Periodenfremden Erträge". Der Kostenrechner legt sein Augenmerk ausschließlich auf die Kosten und Leistungen, die in der aktuellen Periode entstanden sind. Die periodenfremden Erträge betreffen Geschäftsvorfälle, die aus einer anderen Periode, nicht aber der aktuellen stammen. Daher werden auch sie neutralisiert.

Kommen wir nun zur nächsten Position, den „Erträgen aus anderen Finanzanlagen". Damit sind die Erträge gemeint, die uns aus der risikoreichen Aktien-Spekulation entstanden sind. Der Kostenrechner freut sich für das Unternehmen, hebt jedoch abwehrend die Hand und sagt „Nein! Diese Erträge haben nichts mit unseren Möbeln zu tun. Die übernehme ich nicht in die Spalte [1][0]!" Recht hat er.

*Periodengerechte Abgrenzung ist ein Muss.*

Betrachten wir als nächstes die „Zinserträge". Wieder müssen wir uns nach der Ursache des Entstehens fragen. Die Zinserträge sind ein – die „ComIndirect Bank" sein, dann wären sie gleichzeitig eine betriebliche Leistung. Wenn nicht für eine Bank, für wen dann? Eben! Wir fertigen Wohnmöbel und sind *keine* Bank! Also haben diese Erträge nur Auswirkungen auf das steuerliche Ergebnis, nicht aber auf die KLR.

| Konto [1] | Kontenbezeichnung [2] | Aufwendungen [3] | Erträge [4] | neutrale Aufwend. [5] | neutrale Erträge [6] |
|---|---|---|---|---|---|
| 5000 | Umsatzerlöse eig. Erz. | | 10.370.950,00 | | |
| 5100 | Erlöse Handelswaren | | 398.500,00 | | |
| 5202 | Bestandsveränd.e.E. | | 197.200,00 | | |
| 5400 | Mieterträge | | 7.200,00 | | 7.200,00 |
| 5410 | Erträge a.d.A.v.AV | | 13.500,00 | | 13.500,00 |
| 5490 | Periodenfr. Erträge | | 3.100,00 | | 3.100,00 |
| 5600 | Erträge a.a.Finanzanl. | | 2.530,00 | | 2.530,00 |
| 5710 | Zinserträge | | 1.720,00 | | 1.720,00 |
| 5800 | Außerord. Erträge | | 1.890,00 | | 1.890,00 |
| 6000 | Aufw. Rohstoffe | 5.632.725,00 | | | |

wie ich finde – einleuchtendes Beispiel. Würde unser Unternehmen Die „Außerordentlichen Erträge sind selbsterklärend. Erträge, die uns nur aus einem ganz besonderen Grund zufließen. Sie haben nichts mit der eigentlichen, betrieblichen Leistungserstellung zu tun. Als Beispiel können Sie sich den Zufluss von in früheren Jahren abgeschriebenen Forderungen merken. Alle genannten Beispiele erhöhen das Ergebnis der Unternehmung nach Handels- und Steuerrecht. Für diese Erträge zahlen wir also alle anfallenden Steuern. sind selbsterklärend. Erträge, die uns nur aus einem ganz besonderen Grund zufließen. Sie haben nichts mit der eigentlichen, betrieblichen Leistungserstellung zu tun. Als Beispiel können Sie sich den Zufluss von in früheren Jahren abgeschriebenen Forderungen merken. Alle genannten Beispiele erhöhen das Ergebnis der Unternehmung nach Handels- und Steuerrecht. Für diese Erträge zahlen wir also alle anfallenden Steuern.

Die Konten 6000 bis 6300, 6710 bis 6870 und 7030 des Rechnungskreises I. zeigen Aufwendungen, die durch die Verfolgung des eigentlichen Betriebszwecks verursacht wurden. Ohne dass wir diese Gelder ausgegeben hätten, wäre keine Leistungserbringung möglich gewesen. Deshalb sind dies Aufwandsgleiche Kosten, die 1:1 in die Spalte ⑨ übernommen werden.

Lassen wir im Augenblick das Konto „Abschreibung" (6520) außer Acht und beschäftigen uns nun zuerst mit den zu neutralisierenden Aufwendungen. Im Rechnungskreis I. sprechen wir demzufolge von „Neutralen Aufwendungen".

**Neutrale Aufwendungen**

Auch diese müssen wir auf dem Weg in den Rechnungskreis II. neutralisieren. Sie mindern zwar das steuerliche Ergebnis, haben aber wieder einmal nichts mit der Fertigung unserer Produkte in der aktuellen Periode zu tun.

„Periodenfremde Aufwendungen" haben ihren Ursprung wie die „Periodenfremden Erträge" in einer *fremden Periode*; einem der früheren Wirtschaftsjahre. Da wir im RK II. nur Zahlen berücksichtigen, die in der aktuellen Abrechnungsperiode entstanden sind, werden sie in der Spalte ⑤ neutralisiert.

Auch die „Zinsaufwendungen" legen wir im Augenblick bei Seite und kümmern uns später darum. Weiter geht's mit dem Konto 7600  „Außerordentliche Aufwendungen". Das sind solche Aufwendungen, die quasi alle zehn oder zwanzig Jahre einmal anfallen. Manchmal auch noch seltener. Stellen wir uns einmal den außerordentlichen Fall vor, dass ein Teil unseres Fertigwaren-Lagers einem Feuerteufel zum Opfer fällt und wir - rein hypothetisch - vergessen haben, unsere Gebäude- oder Geschäftsinhalts-Versicherung zu bezahlen. Sehr abstrakt, ich weiß.

| Konto [1] | Kontenbezeichnung [2] | neutrale Aufwend. [5] | neutrale Erträge [6] |
|---|---|---|---|
| 5400 | Mieterträge | | 7.200,00 |
| 5410 | Erträge a.d.A.v.AV | | 13.500,00 |
| 5490 | Periodenfr. Erträge | | 3.100,00 |
| 5600 | Erträge a.a.Finanzanl. | | 2.530,00 |
| 5710 | Zinserträge | | 1.720,00 |
| 5800 | Außerord. Erträge | | 1.890,00 |
| 6990 | Periodemfr. Aufwand | 19.250,00 | |
| 7600 | Außerord. Aufwand | 7.702,00 | |
| | | 26.952,00 | 29.940,00 |
| | | 2.988,00 | |
| | | 29.940,00 | 29.940,00 |
| | Neutrales Ergebnis 2.988,00 | | |

Rein steuerlich wirkt sich dieser Vorfall gewinnmindernd aus. Auch können wir uns des Mitgefühls unseres Kostenrechners sicher sein, jedoch lehnt er es ab, diesen außerordentlichen Vorgang in die KLR zu übernehmen und neutralisiert sie.

Gleiches macht er aus den bekannten Gründen mit „Spekulationsverlusten" und den „Verlusten aus dem Abgang von Anlagevermögen".

Werfen wir nun einen Blick auf den Ausriss der Ergebnistabelle, die die Zeilen mit den neutralen Aufwendungen und Erträgen zeigt. In den Spalten [5] und [6], die beide die „Unternehmensbezogene Abgrenzung[OBJ]". Das Ergebnis, das durch die Neutralisierung der Positionen entstanden ist. Es lautet in unserem Beispiel auf € 2.988,00.

Die nächste Doppelspalte trägt die Überschrift „Kostenrechnerische Korrekturen". Sie müssen also einem anderen Zweck dienen, nämlich der Korrektur einzelner Beträge, nicht aber dem Neutralisieren. Am einfachsten ist es, Ihnen Beispiele zu nennen. Und so kehren wir zurück zu den Konten 7510 und 6520.

Das *Neutralisieren* oder *Herausfiltern* der *betriebsfremden* Aufwendungen und Erträge erfolgt grundsätzlich in der Ergebnistabelle.

**Zinsaufwand und kalkulatorische Zinsen**

Nehmen wir zuerst die Position „Zinsaufwand" im Rechnungskreis I. Hierauf wurden alle Zinsen gebucht, die wir an Kreditinstitute zum Beispiel für einen eingeräumten Kontokorrent-Kredit (Dispo) oder für ein Darlehen bezahlt haben. Steuerrechtlich und handelsrechtlich wirken sich diese steuermindernd aus. „Betriebsnotwendig" ist das Fremdkapital, das wir zum Beispiel für die Finanzierung einer  Fertigungshalle haben aufnehmen müssen. Oder die Kontokorrent-Zinsen für den Teil unseres Dispo-Kredits, den wir benötigen, um verspätete Debitoren-Zahlungen abzufedern oder um spontane Rohstoff-Einkäufe zu tätigen. Nur diese Zinsen gelten als „betriebsnotwendig". Der restliche Zinsaufwand wird in der Ergebnistabelle herausgefiltert. Und dies tun wir mit Hilfe der Spalten [7] und [8]. Auf dem Weg in die KLR müssen wir also vorsichtig sein. Der Kostenrechner wacht mit Argusaugen über unser Tun. Deshalb stellen wir uns die Frage: „Hat dieser Aufwand mit der betrieblichen Leistungserstellung zu tun?" „Ja!", können wir antworten, nachdem wir dies überprüft haben. „Alle gezahlten Zinsen waren betriebsnotwendig!" Und so können Sie auch diesen Wert (€ 65.980,00) als „Aufwandsgleiche Kosten" in die Spalte [9] übertragen.

Auch wenn wir in unserem Fall einen tatsächlichen Zinsaufwand hatten, so kann es sein, dass ein Unternehmen so solide dasteht, dass es kein Fremdkapital benötigt, sondern der Unternehmer Holz private Geldmittel zur Verfügung stellt. Nehmen wir an, Herr Holz verfügt über ein beträchtliches Privatvermögen, welches ihm bei seiner Hausbank kaum Zinsen beschert. Als Unternehmer ist ihm aber absolut klar, dass die „Fantastic Furniture OHG" zusätzlich zu dem Fremdkapital der Hausbank weiteres Kapital benötigt. Bei Investition, sei es in Gebrauchs- oder aber auch in Verbrauchsgüter, erscheinen diese schon auf den ersten Blick als *betriebsnotwendig*. Wir beziffern diesen zusätzlichen Kapitalbedarf einmal auf € 480.000,00. Herr Holz erhält keinerlei Zinszahlung von uns. Diese müsste er im Gegenzug im Rahmen seiner Einkommensteuer-Erklärung angeben; und das würde keinen steuerlichen Nutzen bringen.

Der Kostenrechner aber will eine Zinsbelastung im RK II. sehen. Seine Argumentation: Wenn Herr Holz – und das ist sein gutes Recht – das *betriebsnotwendige* Fremdkapital aus dem Unternehmen abziehen will, stehen wir vor einem Problem. Wir müssten uns das Geld bei einer Bank *zum marktüblichen* Zins, der zurzeit bei gut 8,5% liegt, leihen.

Da also für diesen Betrag keine Zinszahlung im RK I. zu finden ist, wir diese eventuell anfallenden Kosten einplanen wollen, berücksichtigen wir diese *kalkulatorischen Zinsen* wie folgt: *Betriebsnotwendiges Fremdkapital* € 480.000,00 • *marktüblichen Zinssatz* 8,5% = €b40.800,00 pro Jahr. Da diesen – wie gesagt – keine Buchung im RK I. gegenüber stehen, bleiben diese Spalten leer und wir erfassen den Wert nur in den Spalten ⑧ und ⑨. Auch dies sind Kosten, die *zusätzlich* zu den Zahlen der Fibu entstehen: *Zusatzkosten*.

| | Rechnungskreis I. | | | |
|---|---|---|---|---|
| | Erfolgsbereich | | | |
| Geschäftsbuchführung, Kontenklassen 5, 6 und 7 | | | | Unternehmensbez. |
| Konto [1] | Kontenbezeichnung [2] | Aufwendungen [3] | Erträge [4] | neutrale Aufwend. [5] |
| 5000 | Umsatzerlöse eig. Erz. | | 10.370.950,00 | |
| 5100 | Erlöse Handelswaren | | 398.500,00 | |
| 5202 | Bestandsveränd.e.E. | | 197.200,00 | |
| 5400 | Mieterträge | | 7.200,00 | |
| 5410 | Erträge a.d.A.v.AV | | 13.500,00 | |
| 5490 | Periodenfr. Erträge | | 3.100,00 | |
| 5600 | Erträge a.a.Finanzanl. | | 2.530,00 | |
| 5710 | Zinserträge | | 1.720,00 | |
| 5800 | Außerord. Erträge | | 1.890,00 | |
| 6000 | Aufw. Rohstoffe | 5.632.725,00 | | |
| 6020 | Aufw. Hilfsstoffe | 128.210,00 | | |
| 6030 | Aufw. Betriebsstoffe | 16.844,00 | | |
| 6150 | Vertriebsprovisionen | 98.380,00 | | |
| 6160 | Fremdinstandhaltung | 62.440,00 | | |
| 6200 | Löhne | 1.975.690,00 | | |
| 6300 | Gehälter | 497.240,00 | | |
| 6520 | Abschreibung | 297.300,00 | | |
| 6710 | Leasing (Kfz) | 46.990,00 | | |
| 6800 | Büromaterial | 8.965,00 | | |
| 6870 | Werbung | 45.703,00 | | |
| 6990 | Periodemfr. Aufwand | 19.250,00 | | 19.250,00 |
| 7030 | Kfz-Steuer | 1.980,00 | | |
| 7510 | Zinsaufwendungen | 65.980,00 | | |
| 7600 | Außerord. Aufwand | 7.702,00 | | 7.702,00 |
| | kalkul. Abschreibung | | | |
| | kalkul. Zinsen | | | |
| | kalkul. Miete | | | |
| | kalkul. Unternehmerl. | | | |
| | kalkul. Wagnisse | | | |
| | | 8.905.399,00 | 10.996.590,00 | 26.952,00 |
| | | 2.091.191,00 | | 2.988,00 |
| | | 10.996.590,00 | 10.996.590,00 | 29.940,00 |
| | | Gesamtergebnis | | Neutrales Ergebnis |
| | | 2.091.191,00 | | 2.988,00 |

| | Rechnungskreis II. | | | | |
|---|---|---|---|---|---|
| | Abgrenzungsbereich | | | Kosten- und Leistungsrechnung | |
| | Abgrenzung | Kostenrechn. Korrekturen | | | |
| | neutrale Erträge [6] | Aufwand [7] | verr.Kosten [8] | Kosten [9] | Leistungen [10] |
| | | | | | 10.370.950,00 |
| | | | | | 398.500,00 |
| | | | | | 197.200,00 |
| | 7.200,00 | | | | |
| | 13.500,00 | | | | |
| | 3.100,00 | | | | |
| | 2.530,00 | | | | |
| | 1.720,00 | | | | |
| | 1.890,00 | | | | |
| | | | | 5.632.725,00 | |
| | | | | 128.210,00 | |
| | | | | 16.844,00 | |
| | | | | 98.380,00 | |
| | | | | 62.440,00 | |
| | | | | 1.975.690,00 | |
| | | | | 497.240,00 | |
| | | 297.300,00 | | | |
| | | | | 46.990,00 | |
| | | | | 8.965,00 | |
| | | | | 45.703,00 | |
| | | | | 1.980,00 | |
| | | 65.980,00 | | | |
| | | | 328.560,00 | 328.560,00 | |
| | | | 53.980,00 | 53.980,00 | |
| | | | 64.800,00 | 64.800,00 | |
| | | | 93.600,00 | 93.600,00 | |
| | | | 6.000,00 | 6.000,00 | |
| | 29.940,00 | 363.280,00 | 546.940,00 | 9.062.107,00 | 10.966.650,00 |
| | | 183.660,00 | | 1.904.543,00 | |
| | 29.940,00 | 546.940,00 | 546.940,00 | 10.966.650,00 | 10.966.650,00 |
| | | Kostenrechn. Korrekturen | | Betriebsergebnis | |
| | | 183.660,00 | | 1.904.543,00 | |

## Kalkulatorische Abschreibung

Kommen wir nun zum Konto 6520 „Abschreibung". Laut Gesetzgeber durften wir unsere „Holzfräse Fortuna", deren endgültige Anschaffungskosten bei € 22.932,00 liegen, über einen Zeitraum von 10 Jahren linear abschreiben. Die jährliche Abschreibung in Höhe von 10% wurde von den Anschaffungskosten ermittelt und Gewinn mindernd gebucht. Diese € 2.293,20 stecken in dem Gesamtbetrag der „Abschreibungen auf Sachanlagen". In der Kostenrechnung berücksichtigen wir jedoch einen *anderen* Wert als den der bilanziellen Abschreibung. Dem Kostenrechner kommt es darauf an, dass wir bis zu dem Zeitpunkt, an dem wir eine neue Fräse kaufen müssen, über die betrieblichen Leistungen genügend Geld verdient haben, um dies zu schaffen. Er rechnet also anders:

Aus seiner Erfahrung heraus weiß er, dass sich der Kaufpreis bis zur tatsächlichen Wiederbeschaffung der Fräse um 10% erhöhen wird. Weil wir ja das Geld bis dahin verdienen müssen, rechnet er daher mit Wiederbeschaffungskosten in Höhe von € 25.225,20. Zudem unterstellt er, dass die alte Fräse immer noch - wenn auch zu einem recht niedrigen Preis - verkauft werden kann. Die aktuellen Marktpreise ergeben einen realistischen Verkaufspreis von netto € 2.000,00. Also saldiert er die geplanten Wiederbeschaffungskosten und den Verkaufspreis des Anlagegutes und kommt auf den Betrag (€ 23.225,20), der verdient werden muss.

Sie erinnern sich, dass der RK I. alle Werte gemäß Handels- und Steuerrecht ausweist; der RK II. hingegen eine – quasi – betriebsinterne Rechnung darstellt. Dem Kostenrechner kann es also ziemlich egal sein, welche Nutzungsdauer die AfA-Tabelle für die Fräse vorsieht. In unserem Fall waren das ja zehn Jahre. Für ihn ist wichtig, wie lange sich die Maschine *üblicherweise* in unserem *Betrieb* nutzen lässt. Man spricht von der „Betriebsüblichen Nutzungsdauer". In unserem Beispiel sind dies acht statt der zehn Jahre. Ergo: Dem Betrieb

*In der KLR: Kalkulatorische AfA auf Wiederbeschaffungskosten*

muss es also gelingen, innerhalb von acht Jahren einen Betrag von € 23.225,20 für die Wiederbeschaffung zu erwirtschaften. Wir setzen also im RK II. nicht eine jährliche Abschreibung von € 2.293,20 an, sondern *kalkulieren* so, dass wir € 23.225,20 durch die betriebsübliche Nutzungsdauer (8 Jahre) teilen und in die Kostenspalte [9] € 2.903,15 übernehmen. Diesen Betrag nennen wir „Kalkulatorische Abschreibung". Zudem handelt es sich um „Anderskosten", weil der Betrag im RK II. ein *anderer* ist als im RK I. Um die Zeile korrekt zu füllen, erfassen wir die *bilanzielle Abschreibung* aus Spalte [3] unter „Aufwand" (Spalte [7]) und die *kalkulatorische Abschreibung* ein weiteres Mal in Spalte [8] unter *verrechnete Kosten*.

Sie sehen, dass in der KLR ein anderer Betrag genannt wird als im Rechnungskreis I.; ein „anderer Betrag", also „Anderskosten".

## Kalkulatorische Miete

Der Gesellschafter und Geschäftsführer Felix A. Holz stellt dem Unternehmen eine Fertigungshalle mit einer Grundfläche von 1.200m² zur Verfügung, die sich in seinem Privatbesitz befindet. Wieder müssen wir schauen und überprüfen, ob wirklich die gesamte Fläche der Fertigungshalle *betrieblich notwendig* ist und wir diese also komplett für die Herstellung von Wohnmöbeln benötigen. Ist dies nicht der Fall, müssen wir einen Teil herausrechnen. Wir gehen aber einmal davon aus, dass 100% der Fläche erforderlich sind.

Im Rechnungskreis I. finden wir keinen Mietaufwand, da wir an den Unternehmer keine Miete bezahlen. Das wäre steuerlich unsinnig,  weil die „Fantastic Furniture OHG" diese zwar steuermindernd buchen könnte, Herr Holz aber seinerseits diese „Einkünfte aus Vermietung und Verpachtung" versteuern müsste. Nichtsdestotrotz sagt Ihnen der Kostenrechner im Gespräch: „Mir ist klar, dass Herr Holz von uns keine Miete bekommt. Was aber wäre, wenn er sein Eigentum für andere Zwecke nutzen will? Dann müssten wir uns eine in etwa gleichgroße Halle anmieten. Und diese *kalkulierte Miete* will ich in die KLR übernehmen. Nur für den Fall der Fälle".

Diese „Kalkulatorische Miete" wird so berechnet, dass man die *betriebsnotwendige* Fläche mit dem *ortsüblichen Mietzins* multipliziert. Nach unserer Recherche liegt der Quadratmeterpreis für

Gewerbeimmobilien bei zurzeit € 4,50. Wir multiplizieren also die 1.200m² mit € 4,50 und kennen nun die kalkulatorische Miete: €15.400,00; multipliziert mit 12 erhalten wir den Jahreswert € 64.800,00.

Diesem kalkulatorischen Wert steht kein Wert im RK I. (Spalte 3) gegenüber. Eben, weil wir an Herrn Holz *keine* Miete bezahlt haben. Aber wir wollen den Wert in der Kosten-Spalte [9] haben. Gemäß unseres Merksatzes muss aber jeder Wert *zumindest in Summe* ein zweites Mal in der Zeile erscheinen. Und das erreichen wir, indem wir die € 64.800,00 in die Spalte [8] „Kostenrechnerische Korrekturen" eintragen. Diese Kosten entstehen *zusätzlich* zu den Werten in der Fibu. Deshalb bezeichnet man sie auch als *Zusatzkosten*.

**Kalkulatorischer Unternehmerlohn**

Kommen wir nun zur nächsten Position, der kein Wert im RK I. gegenüber steht. Der *Lohn*, der eigentlich unserem *Unternehmer* zustehen würde. Entsprechend seiner Qualifikation müssten wir für einen gleichwertigen Ersatz pro Monat ein *marktübliches Gehalt* von brutto € 6.500,00 bezahlen. Hinzu kämen noch die Arbeitgeberanteile zur Sozialversicherung, die wir mit rund 20% (€ 1.300,00) ansetzen müssen. Die Gesamtbelastung läge also pro Monat bei € 7.800,00. Multipliziert mit zwölf Monaten ergäbe dies € 93.600,00 für ein

Wirtschaftsjahr. Aber auch bei dieser Position haben wir das Problem, dass wir keinen entsprechenden Wert in der Fibu finden. Weil Herr Holz ja eben *kein* Gehaltsempfänger ist, sondern von den ausgeschütteten Gewinnen leben muss.

Sollte Herr Holzes aber vorziehen, seinen Lebensabend in Ruhe genießen zu wollen oder er muss aus gesundheitlichen Gründen ausscheiden, so wären wir mit dem vorgenannten Problem der Fremdbesetzung konfrontiert. Und für den Fall der Fälle möchte der Kostenrechner diese *mögliche* Belastung berücksichtigen; er trägt diese also in die Spalten 8 und 9 der Zeile „Kalkulatorischer Unternehmerlohn" ein.

**Kalkulatorische Wagnisse**

Beschäftigen wir uns zuletzt mit anderen *Wagnissen*, die ein Unternehmen tangieren können, es aber nicht zwingend müssen. Diese *kalkulatorischen Wagnisse*, die für die „Fantastic Furniture" eine enorme Kostenbelastung darstellen können, möchte der Kostenrechner berücksichtigt wissen. „Welche Wagnisse berücksichtigen wir denn im Rechnungskreis II.?", fragt eine Ihrer Mitauszubildenden. Ihr Vorgesetzter setzt an, um Ihnen beiden die umfangreiche Welt der Wagnisse zu erklären:

„Mit ein bisschen Routine kommen sie selbst darauf. Es sind alle Risiken, die die „Fantastic Furniture" zu tragen hat. Zum Beispiel das

*Beständewagnis.* Damit sind die Gefahren gemeint, denen unser Stoffe- und das Fertigwarenlager ausgesetzt sind. Kosten, die durch Diebstahl, Beschädigung oder anderen Totalverlust anfallen können.

Ebenso sind es die so genannten *Forderungswagnisse.* Auch selbsterklärend: Unser Risiko, dass ein Teil der Kundenforderungen nicht bezahlt wird und wir darauf sitzen bleiben. Außerdem gehen wir ein *Wagnis aus Wechselkursversprechen* ein. Dann nämlich, wenn wir zum Beispiel unserem Kunden Living & More in Las Vegas ein Angebot in US-Dollar zukommen lassen, das eine Laufzeit von 6 Monaten hat. In dieser Zeit kann sich am Devisenmarkt viel tun und wir müssten eventuell einen Währungsverlust hinnehmen. Das letzte wichtige ist das *Wagnis aus Forschung und Entwicklung.* Weniger für unser Unternehmen, aber denken sie nur an die Pharmaindustrie. Wenn dort an einem neuen, sagen wir Aids-Medikament geforscht wird, verschlingt das Abermillionen. Und niemand dort weiß, ob die Forschung ein Medikament hervorbringt, das auch wirklich Heilung bringt und niemand weiß, ob es letztendlich auch eine Zulassung bekommt.

Für all diese *Wagnisse* müssen wir eine Position in der Ergebnistabelle bilden. Für den Fall eben, dass solche Dinge auch bei uns geschehen. Den Wert bilden wir aus unserer Erfahrung heraus. Rückblickend auf die vergangenen zehn Jahre kann man sagen, dass wir per anno im Durchschnitt mit € 6.000,00 konfrontiert waren. Und diesen Betrag müssen wir auf unsere Verkaufspreise umlegen, denn die müssen so gestaltet sein, dass - auch im *worst case* – alle zu erwartenden Risiken abgedeckt sind. Nachdem wir nun auch dieses Wagnis berücksichtigt haben, bilden wir für jede der Spalten *Aufwand* (7) und *verrechnete Kosten* (8) eine Summe und ermitteln den Saldo."

Soweit der Monolog des Kostenrechners. Doch Recht hat er. Am Ende seiner Ausführungen hat er es auf den Punkt gebracht: Die Kostenrechnung ermöglicht es, unter Berücksichtigung aller in Frage kommenden Risiken, unsere Verkaufspreise so zu gestalten, dass wir zumindest eine Deckung der Kosten, optimaler Weise einen Gewinn erwirtschaften.

Konkurrierende Unternehmen aus unserer Branche müssen zum Beispiel einen Geschäftsführer beschäftigen und bezahlen. Oder sie müssen eine Gewerbefläche pachten, um produzieren zu können. Auch sie müssen mit Wagnissen leben und diese bezahlen können. Wenn also auch sie unter gleichen Risiken und Umständen fertigen und wir diese Posten zumindest als latentes Risiko einplanen, dann müssen unsere Preise eigentlich zwingend *marktgerecht*, das heißt, konkurrenzfähig sein.

Nun haben Sie gelernt, welche Zahlen des RK I. als *Grundkosten* oder *aufwandsgleiche Kosten* bezeichnet werden und dass sie in die Spalte

⑨ der Tabelle übernommen werden. *Betriebliche Leistungen* wie Erlöse und positive Bestandsveränderungen kommen in die Spalte ①⓪. Wir neutralisieren *betriebsfremde* bzw. *nicht betriebsbedingte Aufwendungen und Erträge* in den Spalten ⑤ und ⑥. Im Falle von *Anderskosten* passen wir diese in den Spalten ⑦ und ⑧ an. *Zusatzkosten* wie die *kalkulatorischen Kosten* werden zusätzlich nur in der Spalte ⑧ eingetragen.

## Das Betriebsergebnis und die Wirtschaftlichkeit

Addieren wir nun die Werte der Spalten Kosten (9) und Leistungen (10) und ermitteln dann den Saldo, erhalten wir das Ergebnis der *betrieblichen* Leistungserstellung. Und dieses heißt *Betriebsergebnis*. Neben dieser Kennziffer können wir anhand der gebildeten Summen noch eine weitere, mindestens genauso wichtige Zahl errechnen: Die *Wirtschaftlichkeit*. Dafür teilen wir die Summe der *Leistungen* durch die Summe der *Kosten*. Der errechnete Wert sollte ≥ 1 sein, die Leistungen sollten also mindestens die *Kosten decken*. Es sollte somit zumindest *Kostendeckung* erreicht werden.

Anhand unserer Beispiel-Ergebnistabelle rechnen wir also wie folgt:

<u>Leistungen € 10.966.650,00</u>
Kosten €   9.062.107,00

= <u>Wirtschaftlichkeit 1,21</u>

Der Wert ist größer/gleich (≥) 1, also ist die Wirtschaftlichkeit des Betriebes gegeben.

**Kostenartenrechnung**

Wieder ist der Begriff selbsterklärend. In der Kosten*arten*rechnung geht es um die Unterscheidung der Kosten nach ihren *Arten*. Zum einen besteht die Möglichkeit, diese nach Art des Verbrauchs von Produktionsfaktoren zu unterscheiden. Diese sind – Sie erinnern sich – Kapital, Arbeit, Boden/Umwelt und Dienstleistung. Daher unterscheiden wir wie folgt:

- Materialkosten *(Roh-, Hilfs-, Betriebsstoffe und Waren)*
- Personalkosten *(Löhne, Gehälter, Arbeitgeberanteile SV, Berufsgenossenschaft usw.)*
- Dienstleistungskosten *(Steuerberater, Webhost, Gebäudereiniger usw.)*
- Steuern, Gebühren *(betriebliche Steuern, Gebühren für Handwerkskammer oder IHK usw.)*
- Betriebsmittelkosten *(zum Beispiel die Kosten für AfA, Energie und Wartung von Maschinen)*

Eine andere Unterscheidungsmöglichkeit der Kosten ist die nach der betrieblichen Funktion

- Beschaffungskosten *(Kosten, die durch Einkauf entstehen)*
- Fertigungskosten *(Kosten, die innerhalb der Fertigung entstehen)*
- Vertriebskosten *(Kosten, die durch den Vertrieb der Waren und eigenen Erzeugnisse entstehen)*

- Verwaltungskosten *(Kosten, die durch die Verwaltung des Betriebes entstehen)*

Außerdem können wir diese noch nach der Art der Verrechnung aufteilen. Folgende beide Arten unterscheiden wir:

- Einzelkosten
- Gemeinkosten

Dies sind für Sie wahrscheinlich gänzlich neue Begriffe. Deshalb möchte ich sie an dieser Stelle erklären.

*Einzelkosten* sind die Kosten, die dem *einzelnen Produkt* oder, anders ausgedrückt, einem *einzelnen Kostenträger* zugeordnet werden können. Stellen wir zum Beispiel in unserem Betrieb eine bestimmte Zahl eines Wohnmöbels her, so können wir exakt bestimmen, welche Kosten durch den Materialeinsatz und welche Kosten durch den Personaleinsatz verursacht wurden. Diese *direkt* zuordenbaren Kosten nennt man *Einzelkosten*. Hierzu zählen auch die Sondereinzelkosten (SEK) der Fertigung *(Spezielle Werkzeuge, die wir für ein spezielles Produkt benötigen)* und/oder Sondereinzelkosten des Vertriebs *(zum Beispiel im Maschinenbau eine spezielle Übersee-Verpackung)*.

*Spezialwerkzeug für nur eine Möbelserie sind Sondereinzel-kosten der Fertigung*

*Gemeinkosten* hingegen sind die Kosten, die wir *keinem einzelnen Produkt* oder einem *einzelnen Kostenträger* zuordnen können. Diese müssen wir den betrieblichen *Kostenstellen* auf eine andere Weise, nämlich mit Hilfe des *Betriebsabrechnungsbogens* zuordnen. zuordnen.

Eine weitere wichtige Unterscheidung erfolgt danach, ob das Entstehen der Kosten davon abhängig war, welche Menge an Möbelstücken gefertigt wurde. Für diese *Menge* wird in der Kosten- und Leistungsrechnung ein anderer Begriff verwendet, den der *Beschäftigung*.

Er darf nicht mit der *Kapazität* unseres Betriebes verwechselt werden. Die *Kapazität* sagte aus, wie viele Möbelstücke wir mit den gegebenen *Produktionsfaktoren* herstellen könnten. Wenn wir also mit dem vorhandenen Personal und den vorhandenen Maschinen eine Leistung von 100% fahren. Erreichen wir diese 100%, so sprechen wir von der *Kapazitätsgrenze unseres Betriebes*. Angenommen, die Grenze liegt bei 4.000 Stück Möbeln und wir würden im aktuellen Monat 3.000 Möbelstücke hergestellt haben, so wäre unsere *Kapazitätsauslastung* bei 75%.

Es gibt also solche Kosten, die, unabhängig davon, wie hoch die *Beschäftigung* war, das *Betriebsergebnis* immer in gleicher Höhe belasten. Das sind zum Beispiel Leasinggebühren für unseren Fuhrpark oder die Pacht für eine Lagerhalle. Beide fallen monatlich an. Egal, ob wir in der Fertigung einen Handschlag tun oder nicht. Diese stehen fest und sind *fixe Kosten*. Beachten Sie, dass oftmals auch die Löhne zu den fixen Kosten gezählt werden. Die Argumentation ist folgende: Wie die Gehaltsempfänger, deren Bezüge ja fix zu zahlen sind, haben auch die Lohnempfänger Anspruch auf den vertraglich vereinbarten Lohn. Ebenso stehen die monatlich zu leistenden Stunden fest. Somit sind auch diese Kosten ein *fixer Bestandteil*.

An dieser Grafik können Sie den Verlauf der Kosten nachvollziehen. Als Beispiel sollen hier die *fixen Kosten*, die durch die *Kalkulatorische Miete* von monatlich € 5.400,00 dienen. Diese sind und bleiben *unabhängig von der Beschäftigung* immer gleich hoch.

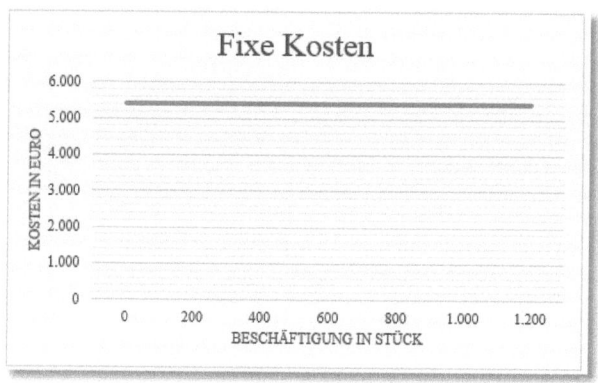

Nachdem wir nun den Kostenverlauf der fixen Kosten kennengelernt haben, schauen wir uns an, was passiert, wenn wir uns über eine *zunehmende Beschäftigung* freuen können. Diese *fixen Stückkosten*

(also die fixen Kosten pro produziertes Möbelstück) sinken, je mehr Möbel hergestellt werden. Unterstellen wir einmal, dass wir mit einer anfänglichen Beschäftigung von 100 Stück ausgehen, dann ist es so, dass pro Möbelstück ein *Fixkostenanteil* an der Pacht von € 54,00 veranschlagt werden muss. Produzieren wir 200 Exemplare, so sinken die *fixen Stückkosten* auf nur noch € 27,00. Bei einer maximal möglichen *Beschäftigung* von 1.200 Stück verbleiben noch € 4,50 an fixen Kosten pro Stück. Dieser Sachverhalt wird auch als *Fixkostendegression* bezeichnet.

Man spricht auch von einem *degressiven Kostenverlauf*. Bei geringer Stückzahl sind die fixen Kosten sehr hoch, mit zunehmender Beschäftigung werden sie weiter minimiert, erreichen aber niemals € 0,00!

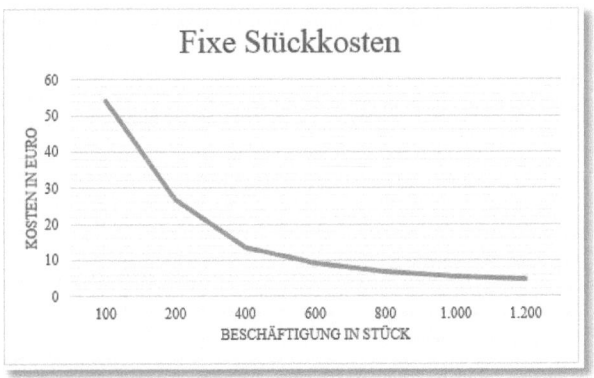

Unterstellen wir einmal, dass die vom Unternehmer zur Verfügung gestellte Halle bis zu einer gewissen *Beschäftigungsgröße* ausreicht und wir ab einer *Beschäftigung* von 4.000 Stück eine weitere, gleich große und gleich teure Halle hinzumieten müssen. Dadurch machen unsere *fixen Kosten* einen *Sprung*. Und so sprechen wir von *sprungfixen Kosten*.

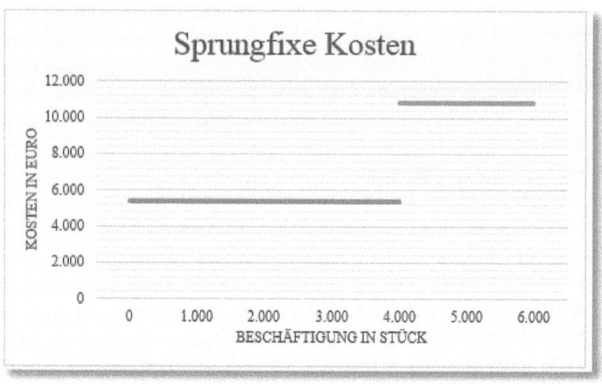

Das Gegenstück zu den *fixen Kosten* sind die *variablen Kosten*. Diese entstehen mit der Fertigung eines Stückes Möbel. Zu den *variablen Kosten* zählen zum Beispiel das *Fertigungsmaterial* und die *Fertigungslöhne*. Diese sind *beschäftigungsabhängig*. Produzieren wir „0" Stück, so fallen auch keine variablen Kosten an. Fertigen wir jedoch ein Möbelstück, entstehen uns für Material und Löhne *variable Stückkosten* in Höhe von € 150,00. Bei einer *Beschäftigung* von zwei Stück sind das dann insgesamt € 300,00 an *variablen Gesamtkosten* usw. Die Grafik verdeutlicht Ihnen den so genannten *proportionalen Kostenverlauf*.

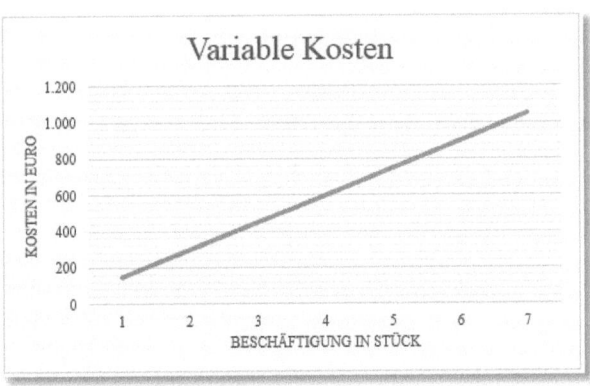

Ohne die ganze Sache noch komplizierter machen zu wollen, sei mir der Hinweis auf die Existenz der so genannten *Mischkosten*stellen eine *Mischung aus fixen und variablen Kosten* dar. Zum Beispiel die Energiekosten. Zum einen berechnet der Stromlieferant eine Gebühr für die Nutzung des Stromzählers (fix pro Jahr). Zum anderen werden uns verbrauchsabhängige Stromkosten (variabel) in Rechnung gestellt. Deshalb spricht man hier von *Mischkosten*.

Neben der oben dargestellten, typischen Entwicklung der *variablen Kosten* kann es aber auch zu einer anderen kommen. Die auf der Folgeseite dargestellte Variante tritt ein, wenn wir die *Beschäftigung* in unserem Betrieb weiter vorantreiben wollen, um zum Beispiel die *fixen Stückkosten* zu minimieren.

Dieser Grundgedanke ist ja auf keinen Fall als schlecht von der Hand zu weisen. Dennoch kann es bei einem größeren *Output* im Fertigungsbereich zu anderen Problemen kommen.

Abgesehen davon, dass die Arbeitsbelastung der Mitarbeiterinnen und Mitarbeiter in der Fertigung so sehr steigen können, dass diese an ihre körperlichen und psychischen Grenzen stoßen, kann dies auch mit sich bringen, dass wir mit einem größeren Ausschuss rechnen müssen. Fräsen und Bohrmaschinen arbeiten bei einem höheren Tempo nicht zwingend sauberer. Und den Maschinen schneller zugeführte Holzplatten können vielleicht einmal mehr anstoßen und müssen dann ausgemustert werden. Wenn das eintritt, ist ein *überproportionaler Kostenanstieg* wahrscheinlich. Dieser wird grafisch wie folgt dargestellt.

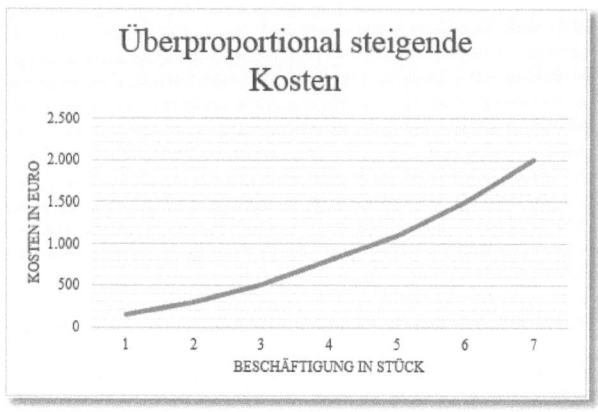

Ergo: Eine höhere *Beschäftigung* muss nicht zwingend wirtschaftlich sein.

**Kostenstellenrechnung**

Nachdem wir uns ausführlich mit den *Arten der Kosten* beschäftigt haben, ist es an der Zeit, voller Zuversicht an den zweiten Bereich der Kostenrechnung heranzugehen; die *Kostenstellenrechnung*. Also die Rechnung, deren Aufgabe es ist, festzustellen, an welcher *Stelle*, an welchem Ort im Betrieb die Kosten entstanden sind. Den Begriffen *Stelle* oder *Ort* kann man die *Hauptabteilungen unseres Betriebes* gleichsetzen. Das sind bei einem Fertigungsbetrieb, wie der „Fantastic Furniture OHG" die

- Hauptkostenstelle Material
- Hauptkostenstelle Fertigung
- Hauptkostenstelle Verwaltung
- Hauptkostenstelle Vertrieb.

Wenn es dann also in einem Fertigungsbetrieb *Haupt*kostenstellen gibt, kann man zurecht den Eindruck gewinnen, es müsse auch andere geben. Richtig! Das sind die so genannten *Hilfskostenstellendirekt* einer der Hauptkostenstellen zugeordnet werden können. einer der Hauptkostenstellen zugeordnet werden können.

**Hauptkostenstelle Material**

Dieser Kostenstelle werden alle Kosten zugeordnet, die durch die Beschaffung und die Lagerung von Rohstoffen, Hilfsstoffen, Betriebsstoffen und von Handelswaren entstehen. Das sind also zum Beispiel die Personalkosten des Einkaufs und des Stoffe- und Warenlagers, die entsprechenden Raumkosten, Versicherungsprämien, die Abschreibungen auf Lagereinrichtungen und Gabelstapler usw.

**Hauptkostenstelle Fertigung**

In dieser Kostenstelle entsteht in einem Fertigungsbetrieb üblicherweise der größte Teil der Kosten. Sie werden dies nachvollziehen können, wenn Sie an die oftmals sehr teuren Fertigungsanlagen der Möbelindustrie denken. Großsägen, Fräsen, Durchlaufpressen, Absauganlagen verursachen neben den kalkulatorischen Abschreibungen auch einen erheblichen Teil der Energiekosten. Ebenso sind hier die Personalkosten (*Fertigungslöhne*) und die Raumkosten sehr hoch.

**Hauptkostenstelle Verwaltung**

In der Verwaltung unseres Betriebes fallen Kosten durch die Geschäftsführung, die Mitarbeiter der Lohn- und Finanzbuchhaltung und der für allgemeine Verwaltungsaufgaben an. In kleinerem Maße Raumkosten und auch kalkulatorische Abschreibungen für die dort vorhandenen Büromöbel und EDV-Geräte.

**Hauptkostenstelle Vertrieb**

An diesem *Ort* wird dafür gesorgt, dass die von uns produzierten Wohnmöbel im Handel platziert oder direkt an die Endverbraucher  veräußert werden. Neben den Personalkosten der Vertriebsmitarbeiter haben wir es auch mit Vertriebsprovisionen, Kosten der Messepräsentation und nicht zuletzt den Kosten zu tun, die durch das *Fertigwarenlager* entstehen. Die Kosten dieses Lagers dürfen Sie nicht der *Hauptkostenstelle Material* zurechnen!

**Zuordnung der Kosten zu den Kostenstellen**

Die in den Spalten 9 und 10 unserer *Ergebnistabelle* genannten Kosten wollen wir nun also den Hauptkostenstellen *verursachungsgerecht* zuordnen. Wir müssen dies mit allen Werten tun, einschließlich der ermittelten *kalkulatorischen Kosten*.

Ordnet man den *Kostenträgern* (eigenen Erzeugnissen oder Handelswaren) die *variablen* und die *fixen Kosten* zu, so spricht man von der *Vollkostenrechnung*.

Zuerst müssen wir die Werte herausfiltern, die wir als *Einzelkosten* bezeichnen. Eben *die* Kosten, die wir den einzelnen Produkten (*Leistungen*) *direkt* zuordnen können. Nur die *Gemeinkosten*, die einer einzelnen betrieblichen Leistung *nicht direkt zugeordnet werden können*, werden über den BAB auf die Hauptkostenstellen verteilt. In unserem Falle sind dies die *Aufwendungen Rohstoffe* und die *Aufwendungen für Hilfsstoffe*, sowie die *Löhne*. Diese sind *direkt zuordenbar*, weil das eingesetzte Material, sowie die Lohnkosten je Möbelstück fest stehen.

**Der Betriebsabrechnungsbogen (BAB)**

Man könnte nun eine Rechenmaschine nehmen, kreativ multiplizieren und dividieren und sich die Zwischen- und Endergebnisse in einer Loseblatt-Sammlung notieren. Das macht aber wenig Sinn, weil die Berechnungen immer nachvollziehbar und an etwaige betriebliche Veränderungen angepasst werden müssen.

Der *Betriebsabrechnungsbogen* ermöglicht es, die *Gemeinkosten* auf die einzelnen *Kostenstellen* zu verteilen.

Deshalb nimmt man zur Verteilung der Kosten auf die einzelnen *Hauptkostenstellen* den *Betriebsabrechnungsbogen (BAB)* zu Hilfe. Und so sieht diese für den Monat Dezember aus:

| Betriebsabrechnungsbogen der "Fantastic Furniture GmbH" per 31.12.2015 | | | | | | | | |
|---|---|---|---|---|---|---|---|---|
| | | | | Hauptkostenstellen | | | | |
| Konto | Kontenbezeichnung | Kosten | Verteilung | Material | Fertigung | Verwaltung | Vertrieb | |
| 6030 | Aufw. Betriebsstoffe | 16.844,00 | | | | | | |
| 6150 | Vertriebsprovisionen | 98.380,00 | | | | | | |
| 6160 | Fremdinstandhaltung | 62.440,00 | | | | | | |
| 6300 | Gehälter | 497.240,00 | | | | | | |
| 6710 | Leasing (Kfz) | 46.990,00 | | | | | | |
| 6800 | Büromaterial | 8.965,00 | | | | | | |
| 6870 | Werbung | 45.703,00 | | | | | | |
| 7030 | Kfz-Steuer | 1.980,00 | | | | | | |
| | kalkul. Abschreibung | 328.560,00 | | | | | | |
| | kalkul. Zinsen | 53.980,00 | | | | | | |
| | kalkul. Miete | 64.800,00 | | | | | | |
| | kalkul. Unternehmerl. | 93.600,00 | | | | | | |
| | kalkul. Wagnisse | 6.000,00 | | | | | | |
| | | 1.325.482,00 | | - € | - € | - € | - € | |
| | | | Einzelkosten | | | | | |
| | | | Gemeinkostenzuschlagsatz | | | | | |

In die Spalte „Kosten" werden die *Gemeinkosten* aus der *Ergebnistabelle* übernommen. In der Spalte daneben, die mit „Verteilung" beschriftet ist, finden Sie regelmäßig die von Ihnen ermittelten oder Ihnen vorgegebenen Schlüssel zur Verteilung der Kosten auf die Hauptkostenstellen (HKS). Diese Spalte ist noch nicht gefüllt, da wir die Schlüssel nun erstmalig berechnen müssen.

In die Spalte „Kosten" werden die *Gemeinkosten* aus der *Ergebnistabelle* übernommen. In der Spalte daneben, die mit „Verteilung" beschriftet ist, finden Sie regelmäßig die von Ihnen ermittelten oder Ihnen vorgegebenen Schlüssel zur Verteilung der Kosten auf die Hauptkostenstellen (HKS). Diese Spalte ist noch nicht gefüllt, da wir die Schlüssel nun erstmalig berechnen müssen.

Die Ersteinrichtung einer Kostenrechnung ist sehr zeitaufwendig. Um die Kosten *verursachungsgerecht* zuordnen zu können, muss man häufig in den Betrieb gehen, um die einzelnen Schritte und Abläufe zu begreifen. Außerdem ist es sehr wichtig, dass eingehende Rechnungen, wie zum Beispiel für Kosten der *Fremdinstandhaltung*, richtig kontiert und einer *Kostenstelle* (Holzfräse AB123) zugeordnet werden. Hat man diese Informationen im Vorfeld nicht bekommen, muss man sie sich am Ort des Entstehens beschaffen.

Schlüsseln wir die Kosten der Reihe nach. Von unseren *Kostenstellenverantwortlichen* haben wir die erforderlichen Informationen bekommen.

Die Kosten der *Betriebsstoffe* werden wie folgt verteilt: HKS Material hat 22% verursacht, die Fertigung 67%, die Verwaltung 1% und der Vertrieb 10%.

Berechnung: € 16.844,00 ÷ 100 [%] = 168,44. Nun multiplizieren wir die € 168,44 mit den Prozentsätzen je HKS.

HKS Material:      € 168,44 • 22 [%] = € 3.705,68

HKS Fertigung:     € 168,44 • 67 [%] = € 11.285,48

HKS Verwaltung:    € 168,44 •  1 [%] = € 168,44

HKS Vertrieb:      € 168,44 • 10 [%] = € 1.684,40

*Nehmen Sie sicherheitshalber eine Verprobung vor und addieren Sie die Rechenergebnisse!*

Der Verteilungsschlüssel steht nun als mit 22/67/1/10[%] fest. Die errechneten Teilergebnisse werden nun in die entsprechenden Spalten des BAB übernommen:

| | Betriebsabrechnungsbogen der "Fantastic Furniture GmbH" per 31.12.2015 | | | | | | |
|---|---|---|---|---|---|---|---|
| | | | | Hauptkostenstellen | | | |
| Konto | Kontenbezeichnung | Kosten | Verteilung | Material | Fertigung | Verwaltung | Vertrieb |
| 6030 | Aufw. Betriebsstoffe | 16.844,00 | 22/67/1/10[%] | 3.705,68 € | 11.285,48 € | 168,44 € | 1.684,40 € |

Das Konto 6150 „Vertriebsprovisionen" ist zwar eindeutig der *HKS Vertrieb* zuzuordnen, nicht jedoch einer einzelnen betrieblichen Leistung. Daher werden auch diese Kosten über den BAB umgelegt; wenn auch zu 100% auf den Vertrieb.

| Konto | Kontenbezeichnung | Kosten | Verteilung | Material | Fertigung | Verwaltung | Vertrieb |
|---|---|---|---|---|---|---|---|
| 6150 | Vertriebsprovisionen | 98.380,00 | 0/0/0/100[%] | - € | - € | - € | 98.380,00 € |

Die Kosten „Fremdinstandhaltung" (Konto 6160) werden auf Basis des Fibu-Kontenblatts verteilt. Schon bei der Erfassung der eingegangenen Rechnungen hat man die notwendigen Informationen zusammen mit den anderen buchungsrelevanten Daten erfasst:

**Kontenblatt in Euro**
Berater: 1
Mandant: 164/2015
Fantastic Furniture OHG     Konto:     6160 - Fremdinstandhaltung

| Konto | Dat. | Beleg1 | Gkto | Buchungste | Soll | Haben | Kostl |
|---|---|---|---|---|---|---|---|
| 6160 | 17.04.2015 | 145877 | 70000 | Knutsen, Por | 17.891,00 | 0,00 | 1000 |
| 6160 | 15.05.2015 | 9821 | 70100 | Adam, Unfal | 9.880,00 | 0,00 | 3000 |
| 6160 | 22.05.2015 | 20150502 | 70200 | CB, Fertigwa | 2.000,00 | 0,00 | 4000 |
| 6160 | 10.07.2015 | 75311 | 70400 | SN, Reparatu | 16.000,00 | 0,00 | 2000 |
| 6160 | 17.07.2015 | 75319 | 70400 | SN, Abluftsy | 6.000,00 | 0,00 | 2000 |
| 6160 | 30.09.2015 | AR8759 | 70300 | Canon, Fax F | 200,00 | 0,00 | 3000 |
| 6160 | 30.09.2015 | AR8760 | 70300 | Canon, Laser | 300,00 | 0,00 | 4000 |
| 6160 | 20.11.2015 | 85213 | 70400 | SN, Regal Fe | 10.169,00 | 0,00 | 4000 |
|  |  |  |  | EB-Wert: 0,00 | Saldo Neu: 62.440,00S | |  |
|  |  |  |  | JVZ Neu: | 62.440,00 | 0,00 |  |

Legende:     KST 1000 = Material, 2000 = Fertigung, 3000 = Verwaltung, 4000 = Vertrieb

Schauen Sie bitte auf die äußerste rechte Spalte. Dort sind die Kostenstellen je Rechnung erfasst. Und der unten stehenden Legende können Sie die Zuordnung entnehmen.

**KST Material: € 17.891,00**

KST Fertigung:     € 16.000,00 + € 6.000,00 = **€ 22.000,00**

KST Verwaltung:     € 9.880,00 + € 200,00 = **€ 10.080,00**

KST Vertrieb: € 2.000,00 + € 300,00 + € 10.169,00 = **€ 12.469,00**

| Konto | Kontenbezeichnung | Kosten | Verteilung | Material | Fertigung | Verwaltung | Vertrieb |
|---|---|---|---|---|---|---|---|
| 6160 | Fremdinstandhaltung | 62.440,00 | siehe Konto | 17.891,00 € | 22.000,00 € | 10.080,00 € | 12.469,00 € |

Die Kosten durch die Gewährung von Gehältern (€ 497.240,00) werden anhand von Informationen aus der Lohnbuchhaltung verteilt. Folgende Liste wurde uns vorlegt:

**Interne Information zur Verteilung von Lohnkosten auf die einzelnen Kostenstellen**

Ansprechpartner/Lohn: *Konstanze Wagner; Durchwahl -457*
Abrechnungsperiode: *Jahr 2015*
Lohnart: *Gehalt*
Summe der Gehälter: *497.240,00*

| Mitarbeiter | Abteilung | Brutto | KST Mat. | KST Fert. | KST Verw. | KST Vertr. |
|---|---|---|---|---|---|---|
| Bredemann, Alfons | Einkauf | 43.176,00 € | 43.176,00 € | | | |
| Conradt, Kathrin | Verwaltung | 39.242,00 € | | | 39.242,00 € | |
| Esmann, Willi | Rohstofflager | 32.316,00 € | 32.316,00 € | | | |
| Filou, Jacques | Fertigwarenlager | 34.258,00 € | 34.258,00 € | | | |
| Gründner, Peter | Hilfsstofflager | 29.993,00 € | 29.993,00 € | | | |
| Liebermann, Max | Fertigung | 45.342,00 € | | 45.342,00 € | | |
| McAllister, John | Rohstofflager | 40.982,00 € | 40.982,00 € | | | |
| Morchner, Dietmar | Vertrieb | 54.326,00 € | | | | 54.326,00 € |
| Nordhorn, Philip | Verwaltung | 40.158,00 € | | | 40.158,00 € | |
| Oberschelp, Frank | Vertrieb | 59.985,00 € | | | | 59.985,00 € |
| Schlüpmann, W. Jörg | Vertrieb | 39.741,00 € | | | | 39.741,00 € |
| Strieker, Frauke | Verwaltung | 37.721,00 € | | | 37.721,00 € | |
| | *Summen Kostenstellen* | 180.725,00 € | 45.342,00 € | 117.121,00 € | 154.052,00 € | |

Datum: *18. Januar 2016*
Zeichen/Unterschrift: *Konstanze Wagner*

Wir übernehmen die Summen je Hauptkostenstelle in den Betriebsabrechnungsbogen:

| Konto | Kontenbezeichnung | Kosten | Verteilung | Material | Fertigung | Verwaltung | Vertrieb |
|---|---|---|---|---|---|---|---|
| 6300 | Gehälter | 497.240,00 | Buchungsliste | 180.725,00 € | 45.342,00 € | 117.121,00 € | 154.052,00 € |

Unsere Kollegin Frauke Strieker hat uns eine Liste mit der Aufteilung der Leasingkosten nach HKS übergeben. Wir können diese Werte ungeprüft in den BAB übernehmen:

**Interne Information zur Verteilung von Leasingkosten auf die einzelnen Kostenstellen**

Ansprechpartner/in: *Frauke Strieker; Durchwahl -512*
Abrechnungsperiode: *Jahr 2015*
Summe Leasingkosten: *46.990,00*

| Leasinggegenstand | Abteilung | Kosten | KST Mat. | KST Fert. | KST Verw. | KST Vertr. |
|---|---|---|---|---|---|---|
| BMW 525i LP-FF 1 | Verwaltung | 5.600,00 € | | | 5.600,00 € | |
| BMW 1er LP-FF 3 | Vertrieb | 2.244,00 € | | | | 2.244,00 € |
| VW T6 LP-FF 5 | Vertrieb | 8.300,00 € | | | | 8.300,00 € |
| Fräse Horizon KFF191 | Fertigung Platten | 11.310,00 € | | 11.310,00 € | | |
| Flächenschleifer FS 19 | Fertigung Platten | 8.763,00 € | | 8.763,00 € | | |
| Mitsubishi Stapler M12 | Rohstofflager | 2.128,00 € | 2.128,00 € | | | |
| Mitsubishi Stapler S90 | Fertigwarenlager | 3.285,00 € | | 3.285,00 € | | |
| HP Server S5000 | Verwaltung | 1.760,00 € | | | 1.760,00 € | |
| HP Desktop (7 Stück) | Verwaltung | 2.100,00 € | | | 2.100,00 € | |
| HP Desktop (5 Stück) | Vertrieb | 1.500,00 € | | | | 1.500,00 € |
| | Summen Kostenstellen | | 2.128,00 € | 20.073,00 € | 9.460,00 € | 15.329,00 € |

Datum: 12.01.2016
Zeichen/Unterschrift: *Frauke Strieker*

| Konto | Kontenbezeichnung | Kosten | Verteilung | Material | Fertigung | Verwaltung | Vertrieb |
|---|---|---|---|---|---|---|---|
| 6710 | Leasing (Kfz) | 46.990,00 | *Leasingaufst.* | 2.128,00 € | 20.073,00 € | 9.460,00 € | 15.329,00 € |

Als nächstes müssen wir die Kosten für den Bürobedarf aufteilen. Auch dafür erhalten wir von der Buchführung den Ausdruck eines Kontenblattes und verteilen die Kosten entsprechend.

Kontenblatt in Euro
Berater: 1
Mandant: 164/2015
Fantastic Furniture OHG        Konto:      6800 - Büromaterial

| Konto | Dat. | Beleg1 | Gkto | Buchungste | Soll | Haben | Kostl |
|---|---|---|---|---|---|---|---|
| 6800 | 15.01.2015 | 20157537 | 70500 | Paolo Office | 1.258,00 | 0,00 | 3000 |
| 6800 | 01.02.2015 | 20157698 | 70500 | Paolo Office | 398,00 | 0,00 | 4000 |
| 6800 | 20.03.2015 | 9743625 | 70300 | Canon | 982,00 | 0,00 | 2000 |
| 6800 | 15.05.2015 | 20158912 | 70500 | Paolo Office | 1.398,00 | 0,00 | 3000 |
| 6800 | 18.07.2015 | 20159963 | 70500 | Paolo Office | 2.177,00 | 0,00 | 4000 |
| 6800 | 20.10.2015 | 201512132 | 70500 | Paolo Office | 613,00 | 0,00 | 1000 |
| 6800 | 10.12.2015 | 201513987 | 70500 | Paolo Office | 2.139,00 | 0,00 | 3000 |
|  |  |  |  | EB-Wert: 0,00 | Saldo Neu: 8.965,00S |  |  |
|  |  |  |  | JVZ Neu: | 8.965,00 | 0,00 |  |

*Legende:* KST 1000 = Material, 2000 = Fertigung, 3000 = Verwaltung, 4000 = Vertrieb

KST Material: € 613,00

KST Fertigung:   € 982,00

KST Verwaltung: € 1.258,00 + € 1.398,00 + € 2.139,00 = **€ 4.795,00**

KST Vertrieb: € 398,00 + € 2.177,00 = **€ 2.575,00**

| Konto | Kontenbezeichnung | Kosten | Verteilung | Material | Fertigung | Verwaltung | Vertrieb |
|---|---|---|---|---|---|---|---|
| 6800 | Büromaterial | 8.965,00 | Kontenblatt | 613,00 € | 982,00 € | 4.795,00 € | 2.575,00 € |

Die angefallenen Kosten für die Werbung, die laut Finanzbuchhaltung € 45.703,00 ausmachen, gehen ausschließlich zu Lasten der HKS Vertrieb.

| Konto | Kontenbezeichnung | Kosten | Verteilung | Material | Fertigung | Verwaltung | Vertrieb |
|---|---|---|---|---|---|---|---|
| 6870 | Werbung | 45.703,00 | 0/0/0/100[%] | - € | - € | - € | 45.703,00 € |

Nun kommen wir zum Konto Kfz-Steuer. Auch hierfür benötigen wir einen Ausdruck, um die Werte richtig ablesen und zuordnen zu können:

**Kontenblatt in Euro**
Berater: 1
Mandant: 164/2015
Fantastic Furniture OHG       Konto:     7030 - Kfz-Steuer

| Konto | Dat. | Beleg1 | Gkto | Buchungste | Soll | Haben | Kost1 |
|---|---|---|---|---|---|---|---|
| 7080 | 12.02.2015 | KA1510 | 2800 | LP-FF 5 | 318,00 | 0,00 | 4000 |
| 7080 | 15.02.2015 | KA1511 | 2800 | LP-FF 1 | 402,00 | 0,00 | 3000 |
| 7080 | 01.04.2015 | KA3201 | 2800 | LP-FF12 | 392,00 | 0,00 | 1000 |
| 7080 | 28.06.2015 | KA5906 | 2800 | LP-FF 3 | 264,00 | 0,00 | 4000 |
| 7080 | 05.07.2015 | KA6001 | 2800 | LP-FF 9 | 306,00 | 0,00 | 4000 |
| 7080 | 31.08.2015 | KS7903 | 2800 | LP-FF 4 | 298,00 | 0,00 | 1000 |
| | | | | EB-Wert: 0,00 | Saldo Neu: 1.980,00S | | |
| | | | | JVZ Neu: | 1.980,00 | 0,00 | |

Legende:   KST 1000 = Material, 2000 = Fertigung, 3000 = Verwaltung, 4000 = Vertrieb

KST Material: € 392,00 + € 298,00 = **€ 690,00**

KST Fertigung:    **€ 0,00**

KST Verwaltung: **€ 402,00**

KST Vertrieb: € 318,00 + € 264,00 + € 306,00 = **€ 888,00**

| Konto | Kontenbezeichnung | Kosten | Verteilung | Material | Fertigung | Verwaltung | Vertrieb |
|---|---|---|---|---|---|---|---|
| 7030 | Kfz-Steuer | 1.980,00 | Kontenblatt | 690,00 € | - € | 402,00 € | 888,00 € |

Nachdem wir nun die *Grundkosten* und die *Anderskosten* verteilt haben, wenden wir uns noch den *Zusatzkosten* zu. Wie schon umfassend erläutert, sind dies die *kalkulatorischen Kosten*, die wir am Ende der Ergebnistabelle wiederfinden.

Beginnen wir hier mit der *kalkulatorischen Abschreibung*. Das Rechnungswesen wird in einem Industriebetrieb normalen Ausmaßes in verschiedene Abteilungen unterteilt. So, wie zum Beispiel die *Lohnbuchhaltung* eine separate Abteilung ist, so wird auch die Verwaltung des Anlagevermögens gehandhabt. Und von unserer Mitarbeiterin Anna Mikiewicz erhalten wir eine Aufstellung der Abschreibungsbeträge:

Aufteilung der "kalkulatorischen Abschreibung" auf die einzelnen Kostenstellen

| Ansprechpartnerin: | Anna Mikiewicz; Durchwahl -685 | | | | | |
|---|---|---|---|---|---|---|
| Abrechnungsperiode: | Kalenderjahr 2015 | | | | | |
| Summe Abschreibung: | 328.560,00 | | | | | |

| Anlagegut | Abteilung | kalk. AfA | KST Mat. | KST Fert. | KST Verw. | KST Vertr. |
|---|---|---|---|---|---|---|
| Mitsubishi Stapler F12 | Fertigung Platten | 3.165,00 € | | 3.165,00 € | | |
| Fräse Calypso C100 | Fertigung Platten | 27.592,00 € | | 27.592,00 € | | |
| Furnierautomat Z7 | Fertigung Platten | 37.399,00 € | | 37.399,00 € | | |
| 3-Achs CNC | Fertigung Platten | 48.519,00 € | | 48.519,00 € | | |
| Hochregallager I. | Rohstofflager | 5.316,00 € | 5.316,00 € | | | |
| Hochregallager II. | Fertigwarenlager | 4.937,00 € | | | | 4.937,00 € |
| Durchlaufbohrmaschine | Fertigung Platten | 47.349,00 € | | 47.349,00 € | | |
| Kantenleimmaschine | Fertigung Platten | 31.549,00 € | | 31.549,00 € | | |
| Büromöbel (diverse) | diverse | 12.530,00 € | 1.245,00 € | 1.739,00 € | 7.311,00 € | 2.235,00 € |
| French Cut Automat | Fertigung Platten | 51.258,00 € | | 51.258,00 € | | |
| Förderanlage FA70 | Fertigwarenlager | 28.369,00 € | | 28.369,00 € | | |
| Kappsäge | Fertigung Platten | 30.577,00 € | | 30.577,00 € | | |
| | Summen Kostenstellen | | 6.561,00 € | 307.516,00 € | 7.311,00 € | 7.172,00 € |

| Datum: | 13.01.2016 |
|---|---|
| Zeichen/Unterschrift: | *Anna E. Mikiewicz* |

| Konto | Kontenbezeichnung | Kosten | Verteilung | Material | Fertigung | Verwaltung | Vertrieb |
|---|---|---|---|---|---|---|---|
| | kalkul. Abschreibung | 328.560,00 | AfA-Aufstellg. | 6.561,00 € | 307.516,00 € | 7.311,00 € | 7.172,00 € |

Die *kalkulatorischen Zinsen*, die von uns der Vorsicht halber hinzugerechnet wurden, werden für das uns von Herrn Holz zur

Verfügung gestellte Eigenkapital berücksichtigt. Wir hatten Herrn Holz um die Überlassung gebeten, damit wir am Spot-Markt Rohstoffe erwerben können und um verspätete Kunden-Zahlungen abzufedern, ohne dafür den Kontokorrent-Kredit der Sparkasse Lippstadt in Anspruch nehmen zu müssen. Da die Aufteilung nicht Cent-genau erfolgen kann, schätzen wir diese auf 85% zu Lasten der Kostenstelle Material und die verbleibenden 15% zu Lasten der Kostenstelle Vertrieb.

| Konto | Kontenbezeichnung | Kosten | Verteilung | Material | Fertigung | Verwaltung | Vertrieb |
|---|---|---|---|---|---|---|---|
| | kalkul. Zinsen | 53.980,00 | 85/0/0/15 [%] | 45.883,00 € | - € | - € | 8.097,00 € |

Die nächste Position *kalkulatorische Miete* wird üblicherweise entsprechend der je Hauptkostenstelle genutzten Grundfläche verteilt. Dabei berücksichtigt man auch die Außenflächen, die zum Beispiel für die Anlieferung von Stoffen oder aber auch die Mitarbeiter-Parkplätze erforderlich sind. Diese Zahlen stehen für einen langen Zeitraum fest und wurden von uns seinerzeit wie folgt errechnet:

1.200m² • € 4,50 Miete pro m² und Monat • 12 Monate = € 64.800,00

KST Material:      220m² • € 4,50 • 12 = € **11.880,00**

KST Fertigung:     650m² • € 4,50 • 12 = € **35.100,00**

KST Verwaltung:    105m² • € 4,50 • 12 = €  **5.670,00**

KST Vertrieb:      225m² • € 4,50 • 12 = € **12.150,00**

| Konto | Kontenbezeichnung | Kosten | Verteilung | Material | Fertigung | Verwaltung | Vertrieb |
|---|---|---|---|---|---|---|---|
| | kalkul. Miete | 64.800,00 | 220/750/105/225m² | 11.880,00 € | 35.100,00 € | 5.670,00 € | 12.150,00 € |

Bei der Verteilung des *kalkulatorischen Unternehmerlohns* müssen wir uns auf die Einschätzungen von Herrn Holz verlassen. Herr Holz nimmt nicht an der Zeiterfassung teil, kann als Unternehmer aber nachvollziehen, welchen Anteil welche Hauptkostenstelle an einem ganz normalen Arbeitstag hat. Er übergibt uns folgenden Zettel:

```
Verteilung meiner Arbeitszeit auf die
betrieblichen Kostenstellen (Jahr 2015)
                              Monat   Jahr
Einkauf                         35     420
Stofflager                      12     144
Fertigung Platten               20     240
Fertigung Möbelbau              35     420
Geschäftsführung (Verwaltung)   42     504
Fertigwarenlager                15     180
Vertriebsinnendienst            85   1.020
Vertriebsaußendienst            25     300
                               269   3.228

Gruß, Felix A. Holz

P.S.: Ich bin so fleißig, nehmt Euch ein Beispiel!
```

Ganz besonders, weil Herr Holz sich das P.S. nicht verkneifen konnte, rechnen wir nun alles genau nach und verteilen auf die HKS:

KST Material:    420 + 144 Std. = 564 Std.           **= 17,47%**

KST Fertigung:   240 + 420 Std. = 660 Std.           **= 20,45%**

KST Verwaltung: 504 Std.                              **= 15,61%**

KST Vertrieb:    180 + 1.020 + 300 Std. = 1.500 Std. **= 46,47%**

Verteilen wir nun den *kalkulatorischen Unternehmerlohn* in Höhe von € 93.600,00 prozentual auf die HKS, so haben wir erneut Material zum Füllen des BAB:

| | | |
|---|---|---|
| KST Material: | 17,47% von € 93.600,00 | = € 16.352,00 |
| KST Fertigung: | 20,45% von € 93.600,00 | = € 19.141,00 |
| KST Verwaltung: | 15,61% von € 93.600,00 | = € 14.611,00 |
| KST Vertrieb: | 46,47% von € 93.600,00 | = € 43.496,00 |

| Konto | Kontenbezeichnung | Kosten | Verteilung | Material | Fertigung | Verwaltung | Vertrieb |
|---|---|---|---|---|---|---|---|
| | kalkul. Unternehmerl. | 93.600,00 | Liste F.A.Holz | 16.352,00 € | 19.141,00 € | 14.611,00 € | 43.496,00 € |

Nun steht noch die letzte Position der Ergebnistabelle zur Verteilung an. Auch hierbei müssen wir auf unsere Erfahrung bauen. Die mit den *kalkulatorischen Wagnissen* berücksichtigten Risiken beziehen sich ausschließlich auf die *Verschlechterung* von Rohstoff-, Hilfs- und Betriebsstoffen und auf *Währungsschwankungen* im Vertriebsbereich. Da wir jedoch fast alle Verträge in Euro abschließen, können wir den Stoffen 90% und dem Vertrieb 10% zurechnen:

| | | |
|---|---|---|
| KST Material: | 90% von € 6.000,00 | = € 5.400,00 |
| KST Vertrieb: | 10% von € 6.000,00 | = €   600,00 |

| Konto | Kontenbezeichnung | Kosten | Verteilung | Material | Fertigung | Verwaltung | Vertrieb |
|---|---|---|---|---|---|---|---|
| | kalkul. Wagnisse | 6.000,00 | 90/0/0/10 [%] | 5.400,00 € | | | 600,00 € |
| | | 1.325.482,00 | | 291.828,68 € | 461.439,48 € | 170.418,44 € | 402.595,40 € |

Auf der folgenden Seite sehen Sie nun den komplett gefüllten Betriebsabrechnungsbogen der „Fantastic Furniture OHG" auf Basis der Zahlen vom 31. Dezember 2015.

Am unteren Ende der jeweiligen HKS-Spalten sehen Sie auch die Summen.

Mit der *Summe der Gemeinkosten* je Hauptkostenstelle können wir nun einen Schritt weiter gehen und die so genannten *Kalkulations-Zuschlagsätze* ermitteln. Um dies zu tun, benötigen wir jedoch erst einmal die in der *Ergebnistabelle* dargestellten *Material-* und *Fertigungseinzelkosten*.

Dies sind im Einzelnen:

*Materialeinzelkosten*

Konto 6000 Aufwendungen Rohstoffe € 5.632.725,00

Konto 6020 Aufwendungen Hilfsstoffe€ 128.210,00

*Fertigungseinzelkosten*

Konto 6200 Löhne € 1.975.690,00

*In der Verwaltung und dem Vertrieb gibt es <u>keine Einzelkosten!</u>*

Diese Einzelkosten übernehmen wir nun in die entsprechenden Felder unseres BAB:

|  | 1.325.482,00 |  | 291.828,68 € | 461.439,48 € | 169.618,44 € | 402.595,40 € |
|---|---|---|---|---|---|---|
|  | *Einzelkosten* |  | 5.760.935,00 € | 1.975.690,00 € |  |  |
|  | *Gemeinkostenzuschlagsatz* |  |  |  |  |  |

Die *Einzelkosten* waren die Kosten, die dem einzelnen Bereich, der einzelnen Kostenstelle *direkt zuzuordnen* war. Die *Gemeinkosten* hingegen mussten wir mit Hilfe des BAB auf die HKS umlegen. Die im BAB ermittelten Jahressummen je HKS sehen wir vorläufig als *Erfahrungswerte* an, mit deren Hilfe wir künftig unsere Verkaufspreise kalkulieren wollen.

*Diese Leerseite musste aus technischen Gründen eingefügt werden.*

| | | | | Betriebsabrechnungsbogen der "Fantastic |
|---|---|---|---|---|
| | | | | Hauptkostenstellen |
| Konto | Kontenbezeichnung | Kosten | Verteilung | Material |
| 6030 | Aufw. Betriebsstoffe | 16.844,00 | 22/67/1/10[%] | 3.705,68 € |
| 6150 | Vertriebsprovisionen | 98.380,00 | 0/0/0/100[%] | - € |
| 6160 | Fremdinstandhaltung | 62.440,00 | siehe Konto | 17.891,00 € |
| 6300 | Gehälter | 497.240,00 | Buchungsliste | 180.725,00 € |
| 6710 | Leasing (Kfz) | 46.990,00 | Leasingaufst. | 2.128,00 € |
| 6800 | Büromaterial | 8.965,00 | Kontenblatt | 613,00 € |
| 6870 | Werbung | 45.703,00 | 0/0/0/100[%] | - € |
| 7030 | Kfz-Steuer | 1.980,00 | Kontenblatt | 690,00 € |
| | kalkul. Abschreibung | 328.560,00 | AfA-Aufstellg. | 6.561,00 € |
| | kalkul. Zinsen | 53.980,00 | 85/0/0/15 [%] | 45.883,00 € |
| | kalkul. Miete | 64.800,00 | 220/750/105/225m² | 11.880,00 € |
| | kalkul. Unternehmerl. | 93.600,00 | Liste F.A.Holz | 16.352,00 € |
| | kalkul. Wagnisse | 6.000,00 | 90/0/0/10 [%] | 5.400,00 € |
| | | 1.325.482,00 | | 291.828,68 € |
| | | | Einzelkosten | 5.760.935,00 € |
| | | | Gemeinkostenzuschlagsatz | |

**Gemeinkosten-Zuschlagsätze**

Sinn und Zweck ist es, das wir auf relativ einfache Weise errechnen können, wieviel Prozent an *Materialgemeinkosten (MGK)* wir je € 100,00 an *Materialeinzelkosten (MEK) zuschlagen* müssen.

Und das zu berechnen, geht eigentlich relativ einfach – wenn man's weiß:

MEK   € 5.760.935,00 = 100%
MGK   €   291.828,68 = x %
Berechnung: 291.828,68 • 100 ÷ 5.760.935 = 5,065647

| Furniture OHG" per 31.12.2015 | | |
|---|---|---|
| Hauptkostenstellen | | |
| Fertigung | Verwaltung | Vertrieb |
| 11.285,48 € | 168,44 € | 1.684,40 € |
| - € | - € | 98.380,00 € |
| 22.000,00 € | 10.080,00 € | 12.469,00 € |
| 45.342,00 € | 117.121,00 € | 154.052,00 € |
| 20.073,00 € | 9.460,00 € | 15.329,00 € |
| 982,00 € | 4.795,00 € | 2.575,00 € |
| - € | - € | 45.703,00 € |
| - € | 402,00 € | 888,00 € |
| 307.516,00 € | 7.311,00 € | 7.172,00 € |
| - € | - € | 8.097,00 € |
| 35.100,00 € | 5.670,00 € | 12.150,00 € |
| 19.141,00 € | 14.611,00 € | 43.496,00 € |
| | | 600,00 € |
| 461.439,48 € | 169.618,44 € | 402.595,40 € |
| 1.975.690,00 € | 8.489.893,16 € | 8.489.893,16 € |

Dieses Ergebnis runden Sie bitte auf zwei Stellen nach dem Komma und fügen es in das folgende Feld ein:

| 1.325.482,00 | | 291.828,68 € | 461.439,48 € |
|---|---|---|---|
| | Einzelkosten | 5.760.935,00 € | 1.975.690,00 € |
| Gemeinkostenzuschlagsatz | | 5,07% | |

In der KLR-Sprache heißt dieser Prozentsatz *Materialgemeinkosten-Zuschlagsatz*. Je € 100,00 an *Materialeinzelkosten* müssen wir mit € 5,07 an *Materialgemeinkosten* rechnen.

Genauso verfahren wir auch bei der Ermittlung des *Fertigungsgemeinkosten-Zuschlagsatzes*:

Fertigungseinzelkosten (FEK)   € 1.975.690,00 = 100%

Fertigungsgemeinkosten FGK   € 461.439,48 = x %

Berechnung: 461.439,48 • 100 ÷ 1.975.690,00 = 23,355864

Auch dieses Ergebnis übertragen wir (gerundet auf zwei Stellen nach dem Komma) in das entsprechende Feld des BAB:

| 1.325.482,00 | | 291.828,68 € | 461.439,48 € |
|---|---|---|---|
| | Einzelkosten | 5.760.935,00 € | 1.975.690,00 € |
| | Gemeinkostenzuschlagsatz | 5,07% | **23,36%** |

Auch hier heißt dieser Prozentsatz *Fertigungsgemeinkosten-Zuschlagsatz (FGKZ)*. Je € 100,00 an *Fertigungseinzelkosten* müssen wir mit € 23,36 an *Fertigungsgemeinkosten* rechnen.

Nun kommen wir zu den *Verwaltungs-* und den *Vertriebsgemeinkosten*. Diese konnten wir Dank des BAB ermitteln, nur können wir als *Zuschlaggrundlage* keine Einzelkosten zu Hilfe nehmen. Hier verfahren wir anders. Die Basis für die Berechnung der Zuschlagsätze sind die so genannten *Herstellkosten der Fertigung*. Dieser Begriff ist neu, aber selbsterklärend: Welche Kosten hat die *Herstellung* verursacht? Ganz einfach: Alle *Einzelkosten* und alle *Gemeinkosten* aus den HKS *Material* und *Fertigung*!

| 1.325.482,00 | | 291.828,68 € | 461.439,48 € |
|---|---|---|---|
| | Einzelkosten | 5.760.935,00 € | 1.975.690,00 € |
| Gemeinkostenzuschlagsatz | | 5,07% | 23,36% |

Rechnerisch sind dies also:

€ 291.828,68 + € 5.760.935,00 + € 461.439,48 + € 1.975.690,00

= **€ 8.489.893,16**

Diesen Wert übernehmen wir in die Zelle *Einzelkosten* der Spalten *HKS Verwaltung* und *HKS Vertrieb* des BAB (Der Übersicht halber, habe ich die Spalte *Material* und *Fertigung* ausgeblendet).

| 1.325.482,00 | | 169.618,44 € | 402.595,40 € |
|---|---|---|---|
| | Einzelkosten | 8.489.893,16 € | 8.489.893,16 € |
| Gemeinkostenzuschlagsatz | | | |

Nun können wir auch diese Zuschlagsätze ermitteln, indem wir wie bei *Material* und *Fertigung* verfahren sind: Die *Einzelkosten* entsprechen 100% und die *Gemeinkosten* entsprechen „x".

Der *Verwaltungsgemeinkosten-Zuschlagsatz (VwGKZ)* lautet 2,00% und der *Vertriebsgemeinkosten-Zuschlagsatz (VtGKZ)* 4,74%.

| 1.325.482,00 | | 169.618,44 € | 402.595,40 € |
|---|---|---|---|
| | Einzelkosten | 8.489.893,16 € | 8.489.893,16 € |
| Gemeinkostenzuschlagsatz | | 2,00% | 4,74% |

**Kalkulation der Verkaufspreise**

Wie am Anfang beschrieben, geht es in der Kosten- und Leistungsrechnung letztendlich darum, unter Berücksichtigung aller Risiken, für die von uns angebotenen Produkte einen *marktgerechten* Verkaufspreis kalkulieren zu können. Also einen VK-Preis, der uns vor bösen Überraschungen bewahrt und dennoch konkurrenzfähig ist.

Mit Hilfe des *Betriebsabrechnungsbogens* konnten wir die *Zuschlagsätze* ermitteln, die wir beim Einsatz von Material und Lohn zusätzlich einplanen müssen. Diese Zuschlagsätze basieren – wie erwähnt – auf Erfahrungswerten. Nichts, was ewigen Bestand hat, jedoch hat uns die über vielleicht Jahrzehnte währende Möbel-Produktion das erforderliche Know-how mitgegeben.

Nehmen wir einmal an, dass wir für ein neues Möbelstück mit € 257,00 an *Fertigungsmaterial* und € 186,00 an *Fertigungslöhnen* zu rechnen haben, Zudem gibt es eine feste Vorgabe für den *Gewinnaufschlag* von 75%. Dieser Gewinn soll in jedem Fall realisiert werden.

Übernehmen wir diese Werte und die im BAB errechneten Zuschlagsätze in das Schema der *Vorwärtskalkulation*.

*„Vorwärts"* deshalb, weil wir auf die jeweiligen, vorgegebenen Werte und die einzelnen Zwischensummen die *Zuschlagsätze* aufrechnen. Im

Kaufmännischen Rechnen spricht man von der Rechnung *von Hundert*.

Schauen wir uns aber nun das Schema an:

---

Kalkulationsschema
**Vowärtskalkulation**

| | |
|---|---|
| Fertigungsmaterial | ← *Materialeinsatz - wie vorgegeben - mit € 257,00* |
| + Materialgemeinkosten | ← *...ausgedrückt durch den Zuschlagsatz in % (5,07)* |
| = Materialkosten | ← *... ist die Summe auf Fertigungsmaterial und MGK* |
| Fertigungslöhne | ← *Löhne - wie vorgegeben - mit € 186,00* |
| + Fertigungsgemeinkosten | ← *...ausgedrückt durch den Zuschlagsatz in % (23,36)* |
| = Fertigungskosten | ← *... ist die Summe auf Fertigungslöhnen und FGK* |
| = Herstellkosten der Fertigung | ← *...ist die Summe aus "Materialkosten" und "Fertigungskosten"* |
| + Verwaltungsgemeinkosten | ← *Gemäss BAB 2,00% von den "Herstellkosten der Fertigung"* |
| + Vertriebsgemeinkosten | ← *Gemäss BAB 4,74% von den "Herstellkosten der Fertigung"* |
| = Selbstkosten | ← *...ist die Summe aus Herstellkosten plus VWGK und VTGK* |
| + Gewinnzuschlag | ← *Auf die Selbstkosten schlagen wir die vorgegeben 75%...* |
| = Barverkaufspreis | ← *...und erhalten den Barverkaufspreis.* |

---

Nun befüllen wir das Schema mit *echten Zahlen*, um den Barverkaufspreis auch wirklich zu berechnen.

Kalkulationsschema
**Vowärtskalkulation**

| | | |
|---|---|---|
| Fertigungsmaterial | | 257,00 € |
| + Materialgemeinkosten | 5,07% | 13,03 € |
| = Materialkosten | | 270,03 € |
| Fertigungslöhne | | 186,00 € |
| + Fertigungsgemeinkosten | 23,36% | 43,45 € |
| = Fertigungskosten | | 229,45 € |
| = Herstellkosten der Fertigung | | 499,48 € |
| + Verwaltungsgemeinkosten | 2,00% | 9,99 € |
| + Vertriebsgemeinkosten | 4,74% | 23,68 € |
| = Selbstkosten | | 533,14 € |
| + Gewinnzuschlag | 75,00% | 399,86 € |
| = Barverkaufspreis | | 933,00 € |

Sie sehen, dass das *richtige Schema* relativ gerafft aussieht. Auch die Industrie- und Handelskammer verwendet diese *enge Variante*. Und dies kann nicht den Sinn haben, Druckkosten zu sparen, sondern soll – aus meiner Sicht - dazu beitragen, Verwirrung zu stiften. So kann es auch vorkommen, dass das Schema ganz ohne mathematische Vorzeichen auskommen muss:

Kalkulationsschema
## Vowärtskalkulation

| | | |
|---|---:|---:|
| Fertigungsmaterial | | 257,00 € |
| Materialgemeinkosten | 5,07% | 13,03 € |
| Materialkosten | | 270,03 € |
| Fertigungslöhne | | 186,00 € |
| Fertigungsgemeinkosten | 23,36% | 43,45 € |
| Fertigungskosten | | 229,45 € |
| Herstellkosten der Fertigung | | 499,48 € |
| Verwaltungsgemeinkosten | 2,00% | 9,99 € |
| Vertriebsgemeinkosten | 4,74% | 23,68 € |
| Selbstkosten | | 533,14 € |
| Gewinnzuschlag | 75,00% | 399,86 € |
| Barverkaufspreis | | 933,00 € |

Wie es auch kommt: Sie sind nun auf alle *Gemeinheiten* vorbereitet.

Unterstellen wir nun, dass wir auf Basis des von uns errechneten *Barverkaufspreis* von € 933,00 ein Angebot an unseren Kunden *Living & More* geschickt haben. Nach reiflichen Überlegungen tritt dieser an uns heran und sagt, wir könnten nur bei einem Bar-VK von € 900,00 ins Geschäft kommen.

Nun kommt die Aufgabe, die Herr Holz an uns richtet: „Männer, wie hoch wäre der verbleibende Gewinn in Euro und Prozent, wenn wir auf das Kaufangebot von *Living & More* eingehen, unser Einkauf es aber *zusätzlich* schafft, die Kosten für das *Fertigungsmaterial* auf € 252,00 zu senken? Nutzen wir dafür die…

Kalkulationsschema
## Differenzkalkulation

| | | | |
|---|---|---|---|
| Fertigungsmaterial | | 257,00 € | ← neu: 252,00 |
| Materialgemeinkosten | 5,07% | 13,03 € | |
| Materialkosten | | 270,03 € | |
| Fertigungslöhne | | 186,00 € | |
| Fertigungsgemeinkosten | 23,36% | 43,45 € | |
| Fertigungskosten | | 229,45 € | |
| Herstellkosten der Fertigung | | 499,48 € | |
| Verwaltungsgemeinkosten | 2,00% | 9,99 € | |
| Vertriebsgemeinkosten | 4,74% | 23,68 € | |
| Selbstkosten | | 533,14 € | |
| Gewinnzuschlag | 75,00% | 399,86 € | ← neu: ? % |
| Barverkaufspreis | | 933,00 € | ← neu: 900,00 |

Ich habe für Sie die sich ändernden Positionen markiert und wir schauen nun, wie sich die gesunkenen Kosten für das *Fertigungsmaterial* bis zu den *Selbstkosten* auswirken. Um den geänderten Bar-VK kümmern wir uns später.

Kalkulationsschema
## Differenzkalkulation

| | | | |
|---|---|---|---|
| Fertigungsmaterial | | 252,00 € | ← |
| Materialgemeinkosten | 5,07% | 12,78 € | ← |
| Materialkosten | | 264,78 € | ← |
| Fertigungslöhne | | 186,00 € | |
| Fertigungsgemeinkosten | 23,36% | 43,45 € | |
| Fertigungskosten | | 229,45 € | |
| Herstellkosten der Fertigung | | 494,23 € | ← |
| Verwaltungsgemeinkosten | 2,00% | 9,88 € | ← |
| Vertriebsgemeinkosten | 4,74% | 23,43 € | ← |
| Selbstkosten | | 527,54 € | ← |

Alle mit einem Pfeil markierten Beträge haben sich in Folge der Preisanpassung beim *Fertigungsmaterial* geändert. Die *Selbstkosten*betragen nun nicht mehr € 533,14, sondern nur noch € 527,54.betragen nun nicht mehr € 533,14, sondern nur noch € 527,54.

Kommen wir nun zu dem maximal akzeptierten Preis unseres Kunden.

Das verkürzte Schema stellt sich so dar:

Kalkulationsschema
## Differenzkalkulation

| | |
|---|---|
| Selbstkosten | 527,54 € |
| Gewinnzuschlag | - € |
| Barverkaufspreis | 900,00 € |

Die *Selbstkosten* (€ 527,54) und der *Barverkaufspreis* (€ 900,00) stehen fest und wir können nun das Δ - unseren *verbleibenden Gewinn* – errechnen. Der lautet auf € 372,46.

Im nächsten Schritt errechnen wir den verbleibenden *Gewinnzuschlag in %*, in dem wir die neuen *Selbstkosten* mit 100 gleichsetzen:

€ 372,46 • 100 ÷ € 527,54 = 70,6030177 = 70,60%.

Bei Annahme des Kaufangebotes durch *Living & More* würde unser Gewinn trotz der geringeren Kosten für das Fertigungsmaterial um 4,40% kleiner ausfallen.

Übertragen wir nun alles in das Kalkulationsschema. Die geänderten Vorgaben habe ich fett dargestellt.

Kalkulationsschema
## Differenzkalkulation

| | | |
|---|---|---|
| Fertigungsmaterial | | 252,00 € |
| Materialgemeinkosten | 5,07% | 12,78 € |
| Materialkosten | | 264,78 € |
| Fertigungslöhne | | 186,00 € |
| Fertigungsgemeinkosten | 23,36% | 43,45 € |
| Fertigungskosten | | 229,45 € |
| Herstellkosten der Fertigung | | 494,23 € |
| Verwaltungsgemeinkosten | 2,00% | 9,88 € |
| Vertriebsgemeinkosten | 4,74% | 23,43 € |
| Selbstkosten | | 527,54 € |
| **Gewinnzuschlag** | 70,60% | 372,46 € |
| **Barverkaufspreis** | | 900,00 € |

Sie erinnern sich, dass die im Schema verwendeten Zuschlagsätze auf den *Erfahrungen aus früheren Perioden* beruhen. Auf Basis dieser hatten wir den Bar-VK kalkuliert, den alle Kunden außer *Living & More* akzeptierten.

Relativ zeitnah, nach Aufnahme der Produktion des neuen Möbels müssen wir kontrollieren, ob die Kalkulation der Realität entspricht oder ob wir den Verkaufspreis nachbessern sollten. Diesen Vorgang nennt man *Nachkalkulation*.

Eine solche *Nachkalkulation* kann erforderlich sein, wenn sich zum Beispiel die Kosten für das Fertigungsmaterial geändert haben oder unsere Mitarbeiter weniger Zeit für den Bau des Möbelstückes benötigen. Wir unterstellen dabei, dass das *Fertigungsmaterial* abermals auf € 248,50 reduziert und dass die Löhne um 10% auf € 167,40 gesenkt werden konnten. Die Gewinnvorgabe von 75% bleibt bestehen.

Kalkulationsschema
**Nachkalkulation**

| | Vorkalkulation | | Nachkalkulation | |
|---|---|---|---|---|
| Fertigungsmaterial | | 252,00 € | | **248,50 €** |
| Materialgemeinkosten | 5,07% | 12,78 € | 5,07% | 12,60 € |
| Materialkosten | | 264,78 € | | 261,10 € |
| Fertigungslöhne | | 186,00 € | | **167,40 €** |
| Fertigungsgemeinkosten | 23,36% | 43,45 € | 23,36% | 39,10 € |
| Fertigungskosten | | 229,45 € | | 206,50 € |
| Herstellkosten der Fertigung | | 494,23 € | | 467,60 € |
| Verwaltungsgemeinkosten | 2,00% | 9,88 € | 2,00% | 9,35 € |
| Vertriebsgemeinkosten | 4,74% | 23,43 € | 4,74% | 22,16 € |
| Selbstkosten | | 527,54 € | | 499,12 € |
| Gewinnzuschlag | 76,86% | 405,46 € | 76,86% | 383,62 € |
| Barverkaufspreis | | 933,00 € | | **882,74 €** |

Der neue *Barverkaufspreis* konnte dank des rationalen Einsatzes von Material und Arbeitskraft auf € 882,74 gesenkt werden.

Für den Fall, dass Herr Holz, auf dessen Wunsch unseren Kunden ja bereits der *ursprüngliche Barverkaufspreis* von € 900,00 angeboten worden war, es bei diesem belassen will, erhöht sich automatisch der mögliche Gewinn je Möbelstück:

Kalkulationsschema
**Nachkalkulation**

| | Vorkalkulation | | Nachkalkulation | |
|---|---|---|---|---|
| Fertigungsmaterial | | 252,00 € | | 248,50 € |
| Materialgemeinkosten | 5,07% | 12,78 € | 5,07% | 12,60 € |
| Materialkosten | | 264,78 € | | 261,10 € |
| Fertigungslöhne | | 186,00 € | | 167,40 € |
| Fertigungsgemeinkosten | 23,36% | 43,45 € | 23,36% | 39,10 € |
| Fertigungskosten | | 229,45 € | | 206,50 € |
| Herstellkosten der Fertigung | | 494,23 € | | 467,60 € |
| Verwaltungsgemeinkosten | 2,00% | 9,88 € | 2,00% | 9,35 € |
| Vertriebsgemeinkosten | 4,74% | 23,43 € | 4,74% | 22,16 € |
| Selbstkosten | | 527,54 € | | 499,12 € |
| Gewinnzuschlag | 76,86% | 405,46 € | **86,93%** | **433,88 €** |
| Barverkaufspreis | | 933,00 € | | 933,00 € |

Der *Gewinnzuschlag* konnte auf 86,93%, bzw. auf € 433,88 gesteigert werden. Selbstverständlich kann es auch passieren, dass sich die Konditionen für Material und Lohn verschlechtern und Herr Holz mit einem geringeren Gewinn leben muss.

**Die Normalzuschlagsätze**

Unter dem Begriff *Normalzuschlagsätze* versteht man die Prozentsätze, die *normalerweise*, aus unserer Erfahrung heraus, angesetzt werden müssen. Diese basieren zum Beispiel auf den Zahlen der vergangenen zwölf Monate. Diese sind nach unserem Verständnis eben *normal*.

## Die Ist-Zuschlagsätze

Als *Ist-Zuschlagsatz* bezeichnet man die Zuschläge, die sich im Zuge der *Nachkalkulation* ergeben. Angenommen, eine Neuberechnung unseres *Betriebsabrechnungsbogens* ergibt einen geänderten Materialgemeinkosten-Zuschlagsatz, dann müssten wir unsere *Nachkalkulation* mit dem geänderten Prozentsatz füllen. Dieser neue Zuschlagsatz wäre dann der *Ist-Zuschlagsatz*.

## Die Kostenüberdeckung und Kostenunterdeckung

Haben wir für unser Produkt, zum Beispiel den *Bürotisch Fantastico*, mit Kosten in Höhe von € 369,00 gerechnet und die tatsächlichen Kosten, die wir im Zuge der *Nachkalkulation* errechnet haben, weichen nach unten ab, so sprechen wir von einer *Kostenüberdeckung*. Wir haben mit zu hohen Kosten gerechnet.

Kommt es dazu, dass unsere Vorkalkulation ergibt, dass der *Bürotisch Fantastico* € 350,00 an Kosten verursacht, im Zuge der *Nachkalkulation* aber herauskommt, dass es tatsächlich € 365,00 sind, so haben wir eine *Kostenunterdeckung* von € 15,00.

**Die Deckungsbeitragsrechnung**

Das Thema der *Deckungsbeitragsrechnung* ist für Unternehmen so wichtig, dass es auch das Autorenteam der IHK immer wieder in den Prüfungen von Kaufleuten hervorholt.

Auch wenn Sie jetzt wieder zu resignieren drohen: Ja, es ist ein neuer Begriff der KLR! Dennoch erklärt sich auch dieser selbst. Passen Sie auf!

Wenn wir vom *Deckungsbeitrag* und dessen Berechnung sprechen, so geht es um den *Beitrag* der Umsatzerlöse zur *Deckung der fixen Kosten*. Anders ausgedrückt: Wieviel Euro bleiben von den Umsatzerlösen nach Abzug der *variablen Kosten* übrig, um die *fixen Kosten* ganz oder teilweise zu decken, zu bezahlen? Und diese Berechnungen beziehen sich auf eine Möbelserie oder ein Möbelstück. Wir betrachten also nur einen *Teil* der betrieblichen Gesamtkosten. Deshalb bezeichnet man die Deckungsbeitragsrechnung als *Teilkostenrechnung*.

Nehmen wir unser Beispiel aus der soeben behandelten *Nachkalkulation*. Danach können wir pro Möbelstück einen Umsatzerlös von € 933,00 generieren. Dadurch, dass wir ein Möbelstück produziert haben, sind *variable Kosten* in Höhe von € 415,90 (Fertigungsmaterial € 248,50 und Fertigungslöhne € 167,40) angefallen. Diese *variablen Kosten* entstehen *beschäftigungsabhängig*: Keine Fertigung – keine variablen Kosten!

Der Übersicht halber rechnen wir:

| | |
|---|---|
| Umsatzerlöse | € 933,00 |
| -variable *Stück*kosten | € 415,90 |
| =*Stück*deckungsbeitrag | **€ 517,10** |

Mit € 517,10 trägt ein Möbel*stück* zur Deckung der fixen Kosten bei. *Ein* Möbel*stück* eben. Somit sprechen wir vom *Stückdeckungsbeitrag*.

Fertigen wir zum Beispiel 1.000 Stück dieses Möbels, so sieht die *Deckungsbeitragsrechnung* wie folgt aus:

| | |
|---|---|
| Umsatzerlöse | € 933.000,00 |
| -variable *Gesamt*kosten | € 415.900,00 |
| =*Gesamt*deckungsbeitrag | **€ 517.100,00** |

Der *Beitrag* der Umsatzerlöse aus der Fertigung dieser Möbelserie zur *Deckung* der fixen Kosten ist mit € 517.100,00 zu beziffern.

Das klingt relativ theoretisch, deshalb füllen wir den Begriff *fixe Kosten* mit Leben. Wir addieren die Kosten aus der *Ergebnistabelle*, die wir als *fix* ansehen können, weil sie unabhängig von der Beschäftigung entstehen.

Die *fixen Gesamtkosten* (*Summe aus Gehältern, Leasing, Kfz-Steuer, kalkulatorischer Abschreibung, Zinsen, Miete, Unternehmerlohn und Wagnissen*) betragen € 1.093.150,00.

Somit sorgt die eine Möbelserie dafür, dass nahezu die Hälfte unserer *fixen Gesamtkosten* gedeckt wird. Aber eben nicht 100%, was zu einer *Kostendeckung* führen würde.

**Der Break-even-Point (BEP)**

Nun tritt unser Geschäftsführer, Felix Holz, an uns heran und fragt, wie viele dieser Möbelstücke denn gefertigt werden müssten, um *Kostendeckung* zu erreichen. Man nennt diesen Wert auch *Break-even-Point*. Wir wollen das gerne für ihn ausrechnen:

Fixe Gesamtkosten € 1.093.150,00 ÷ Stückdeckungsbeitrag € 517,10

**= 2.114 Stück**

Bei einer Fertigung von 2.114 Stück zum Verkaufspreis von jeweils € 933,00 wären also sowohl die *variablen Kosten*, als auch die *fixen Kosten* gedeckt. Jedoch hätten wir auch bei dieser Stückzahl (*Break-even-Point*) noch *keinen Gewinn* erwirtschaftet!

„Von welcher Menge an würden wir denn einen Gewinn erwirtschaften?", fragt Herr Holz. „Ab einer Stückzahl von 2.115. Dann würde unser Gewinn € 517,10 betragen", entgegnen wir keck.

Nach kurzem Grübeln reagiert Herr Holz auf unsere Berechnung und sagt: „Wenn wir es bei der nächsten Möbelmesse in Köln schaffen, Aufträge in einem Umfang von 3.114 Stück zu schreiben, dann würden wir einen Gewinn von 1.000 mal € 517,10, also von € 517.100

machen? Wahnsinn! Leute, ich habe keine Zeit mehr. 'Muss dringend in den Vertrieb!" Spricht's und verschwindet in Richtung des Vertriebsleiters.

Herr Holz hat aber richtig gerechnet. Ab dem Erreichen des *Break-even-Points* steigt unser Gewinn pro Möbelstück um € 517,10; um den *Stückdeckungsbeitrag*.

**Grafische Ermittlung des Break-even-Points**

Neben der rechnerischen Ermittlung, können wir den *Break-even* auch grafisch ermitteln. Probieren wir dies anhand der folgenden Informationen aus:

Für einen Auftrag liegen die *auftragsbezogenen fixen Kostenvariablen Stückkosten* betragen € 50,00. Als Umsatzerlös pro Stück können wir von € 200,00 ausgehen. betragen € 50,00. Als Umsatzerlös pro Stück können wir von € 200,00 ausgehen.

Bei welcher Stückzahl erreichen wir die *Gewinnschwelle*, den *Break-even-Point*?

Tragen Sie in das Raster zuerst die Kurve mit den *proportional steigenden Gesamtumsätzen* ein. Pro Stück sind dies € 200,00.

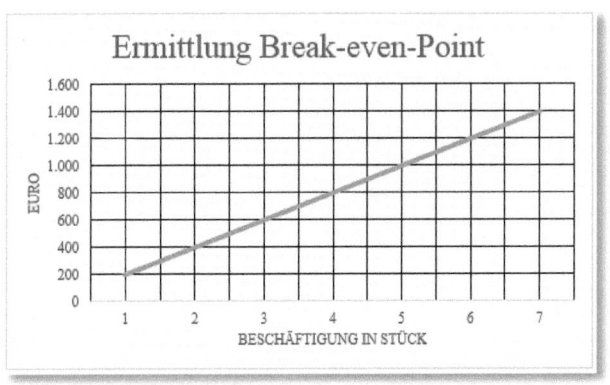

Danach ergänzen Sie das Raster um die Kurve der *Gesamtkosten*. Diese sind jeweils die Summe aus € 900,00 an *fixen Kosten* und *variablen Stückkosten* von € 50,00 (1 Stück = € 900,00 + € 50,00 = € 950,00, 2 Stück = € 1.000,00 usw.).

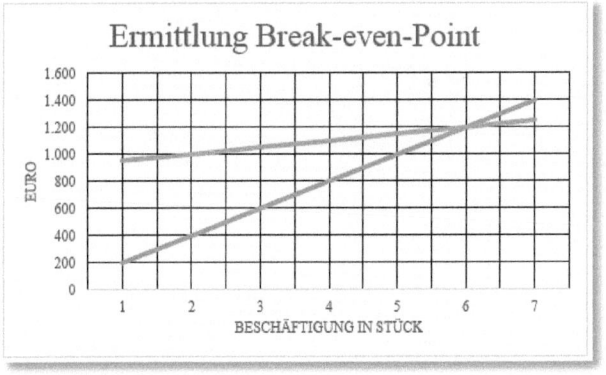

Nun müssen Sie von dem Punkt aus, an dem die Kurve der *Gesamtkosten* die Kurve der *Umsatzerlöse* schneidet, einen vertikalen

Strich ziehen und können unten das angeforderte Ergebnis (den *Break-even-Point* in Stück) ablesen:

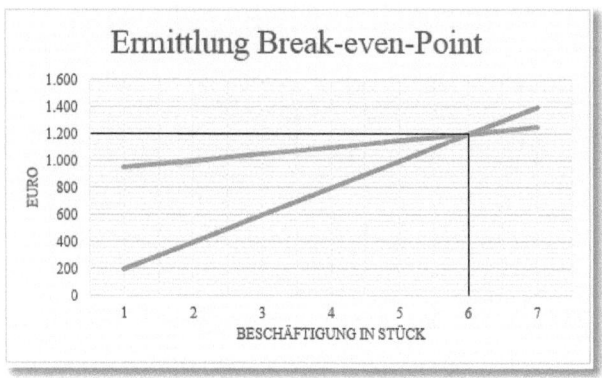

Wir können der grafischen Umsetzung der Werte entnehmen, dass der BEP bei einer Beschäftigung, einer Stückzahl von 6 Stück erreicht würde.

Nun kennen Sie ja die gesamten *Umsatz-* und die *Kostenverläufe* in- und auswendig. Das wünscht sich auch die IHK und präsentiert mit bestimmter Regelmäßigkeit eine „anonymisierte" Grafik, bei der es die Aufgabe der Prüflinge ist, die einzelnen, grafisch dargestellten Verläufe, bzw. den *einen* Punkt zu benennen.

Wollen Sie es einmal probieren?

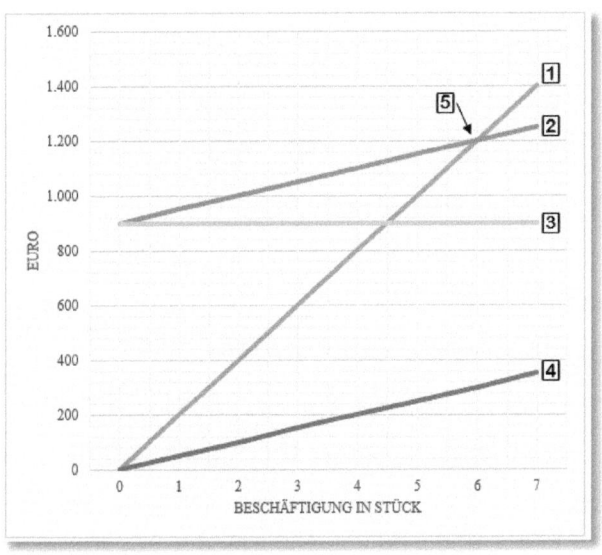

Am einfachsten ist es, die *fixen Kosten* zu bestimmen. Diese fallen unabhängig von der *Beschäftigung* an: 3. Die *variablen Kosten* entstehen auch erst mit der Produktion des ersten Möbels und steigen proportional an: 4. Die Summe aus fixen und variablen Kosten sind die *Gesamtkosten:* 2. Die *Umsatzerlöse (Leistungen)* 1 sind erst ab dem ersten Möbelstück >0. Auch sie steigen proportional und schneiden bei einer bestimmten Stückzahl die *Gesamtkostenkurve*. Und dieser Schnittpunkt 5 ist der *Break-even-Point*.

**Die Preisuntergrenzen**

Die „Fantastic Furniture OHG" kann in die Situation kommen, dass wegen einer erheblichen, zum Beispiel rezessionsbedingten Absatzflaute, kaum noch hochwertige Möbel am Markt abzusetzen sind. Dennoch ist Herr Holz verpflichtet, die mit den Produktionsmitarbeitern geschlossenen Verträge zu erfüllen; sprich, diese zu bezahlen. In solchen Krisenzeiten müssen wir also zusehen, Möbel am Markt abzusetzen und uns dabei – wenn auch Zähne knirschend – vorübergehend von den Gewinnvorgaben zu verabschieden. Dennoch sind bestimmte *Preisuntergrenzen* zu beachten.

Zum einen spricht man in der KLR von der *kurzfristigen Preisuntergrenze*. Was meinen Sie, welche Kosten müssen *kurzfristig* auf jeden Fall gedeckt werden?

Wenn wir, wie gesagt, in der Verpflichtung stehen, die *Fertigungslöhne* unabhängig von der Beschäftigung zu zahlen und wenn wir zudem unterstellen können, das uns durch die Verwendung des *Fertigungsmaterials* Kosten entstehen, so entspricht die Summe aus beidem der *kurzfristigen Preisuntergrenze*.

Und das sind die in unserem zuvor genannten Beispiel die *variablen Stückkosten* in Höhe € 415,90.

Bei der Einhaltung der *kurzfristigen Preisuntergrenze* vernachlässigen wir also völlig die angestrebte Deckung der fixen Kosten. Auf Dauer würde es uns natürlich wirtschaftlich das Genick brechen.

Dank dieses Wissens kommen wir auch recht leicht auf die Höhe der *langfristigen Preisuntergrenze variablen*, als auch *fixen Kosten* gedeckt sind. *Das* muss unser *langfristiges Ziel* sein. sein.

**Die Wirtschaftlichkeit von Zusatzaufträgen**

In einem zuvor genannten Beispiel ging es um die Fertigung von 1.000 Stück Möbeln und die daraus resultierenden Auswirkungen auf die *Deckung der fixen Kosten*. Teilweise (€ 517.100,00) war es uns gelungen, die *fixen Gesamtkosten* (€ 1.093.150,00) zu decken. Angenommen, die Kölner Möbelmesse würde für uns nicht den erhofften Erfolg mit sich bringen, wir hätten aber Kontakt zu einem großen nordamerikanischen Möbel-Filialisten bekommen. Dieser macht uns den Vorschlag, 800 Stück unserer Möbelserie, für die eigentlich ein Bar-VK von € 933,00 pro Stück vorgesehen war, zu einem Stückpreis von € 800,00 zu liefern.

Eine neu aufgestellte *Deckungsbeitragsrechnung* würde dann so aussehen:

| | |
|---|---|
| Umsatzerlöse | € 800,00 |
| -variable *Stück*kosten | € 415,90 |
| =*Stück*deckungsbeitrag | € 384,10 |

Dieser DB läge fern von unserer ursprünglichen Planung. Sollten wir den Auftrag aus Nordamerika trotzdem annehmen?

Ja, denn auch wenn die *langfristige Preisuntergrenze* nicht erreicht ist, trägt dieser Auftrag *trotzdem* zur teilweisen *Deckung* unserer *fixen Gesamtkosten* bei. Bei 800 verkauften Stück wären dies € 307.280,00.

Auch würde es Sinn machen, solche Aufträge – selbst bei einem noch geringeren Verkaufspreis – anzunehmen, wenn wir dadurch peu à peu eine Deckung der fixen Kosten erreichen.

**Gewinnoptimales Produktionsprogramm**

Neben den einzelnen Zahlen und deren Aktualität müssen wir auch unser Produktionsprogramm kritisch beleuchten. Führen wir zum Beispiel einen Artikel im Sortiment, den wir im Marketing-Jargon als „Penner" dessen Annahme verhindern würde?
Unser Hauptaugenmerk muss in der *Gewinnoptimierung* liegen. Sowohl bei der Beratschlagung, ob unser Sortiment umgestellt, ergänzt oder reduziert werden sollte, als auch dann, wenn es um eben diese möglichen Zusatzaufträge geht.

Sehen wir uns zuerst das aktuelle Sortiment an:

| Produkt | Bürotisch Fantastico | Bürostuhl Fantastico | Büroschrank Future | Bürotisch Black Mamba | Summe |
|---|---|---|---|---|---|
| Umsatzerlöse | 123.400,00 € | 14.922,00 € | 153.600,00 € | 89.500,00 € | 381.422,00 € |
| Variable Kosten | 80.700,00 € | 12.400,00 € | 102.353,00 € | 53.516,00 € | 248.969,00 € |
| Deckungsbeitrag | 42.700,00 € | 2.522,00 € | 51.247,00 € | 35.984,00 € | 132.453,00 € |
| Auslastung der Kapazität | 31% | 5% | 33% | 20% | 89% |

Wir können feststellen, dass unsere *Maximalkapazität* zu 89% ausgeschöpft ist. Unsere *fixen Gesamtkosten* von € 112.500,00 sind mehr als gedeckt und wir erwirtschaften ein *positives Betriebsergebnis*.

Unser Hauptkunde, Living & More aus Las Vegas (USA), tritt an uns heran und stellt in Aussicht, den Schrank „MGM Super-Cupboard" bei uns fertigen zu lassen.

Wir kalkulieren für diesen Artikel die variablen Kosten und kommen zu folgendem Ergebnis:

- Fertigungsmaterial € 85.700,00
- Fertigungslöhne € 72.400,00
- Umsatzerlöse* € 263.500,00

*) nach dem aktuellen Wechselkurs US-$ - Euro

Durch Annahme *dieses* Auftrages hätten wir eine Kapazitätsausnutzung von 26%.

Unsere Aufgabe ist es nun, dem Geschäftsführer Zahlen zu liefern. Und eine Empfehlung aus Sicht der Kostenrechnung.

Unterstellen wir einmal, dass – wenn wir uns für eine Bereinigung des Sortiments entscheiden – unsere Marktposition nicht gefährdet würde.

Zudem haben wir in der Vergangenheit festgestellt, dass unsere Auslastung niemals größer als 90% sein sollte, da sich nur bis zu dieser Größe der Ausschuss und die Fehlzeitenquote unserer Mitarbeiter in Grenzen halten.

Schauen wir uns die Tabelle noch einmal genauer an und markieren die Produkte, die den geringsten Beitrag zum Betriebsergebnis leisten:

| Produkt | Bürotisch Fantastico | Bürostuhl Fantastico | Büroschrank Future | Bürotisch Black Mamba | Summe |
|---|---|---|---|---|---|
| Umsatzerlöse | 123.400,00 € | 14.922,00 € | 153.600,00 € | 89.500,00 € | 381.422,00 € |
| Variable Kosten | 80.700,00 € | 12.400,00 € | 102.353,00 € | 53.516,00 € | 248.969,00 € |
| Deckungsbeitrag | 42.700,00 € | 2.522,00 € | 51.247,00 € | 35.984,00 € | 132.453,00 € |
| Auslastung der Kapazität | 31% | 5% | 33% | 20% | 89% |

Es sind der *Bürostuhl Fantastico* und der *Bürotisch Black Mamba*. Beide tragen mit 25% zur Kapazitätsauslastung bei und haben mit insgesamt € 38.506,00 Anteil an der Deckung der fixen Kosten und darüber hinaus am positiven Betriebsergebnis.

Übernehmen wir nun – zur Probe – die Zahlen für den *MGM-Super-Cupboard* in unsere Tabelle und lassen beide eben genannten Produkte bei Seite.

| Produkt | Bürotisch Fantastico | MGM Super-Cupboard | Büroschrank Future | Summe |
|---|---|---|---|---|
| Umsatzerlöse | 123.400,00 € | 263.500,00 € | 153.600,00 € | 540.500,00 € |
| Variable Kosten | 80.700,00 € | 158.100,00 € | 102.353,00 € | 341.153,00 € |
| Deckungsbeitrag | 42.700,00 € | 105.400,00 € | 51.247,00 € | 199.347,00 € |
| Auslastung der Kapazität | 31% | 26% | 33% | 90% |

Mit Änderung des Sortiments kämen wir also zu den folgenden Ergebnissen:

- Die Auslastung der Kapazität läge bei 90% ☝
- Der Gesamtdeckungsbeitrag läge um € 66.894,00 höher ☝
- Das Betriebsergebnis würde auf € 86.847,00 steigen ☝

Somit spricht alles für die Bereinigung des Sortiments und die Annahme des Auftrages von *Living & More*.

**Auszug aus dem Industriekontenrahmen**

Konto  Beschreibung

0700  Technische Anlagen und Maschinen
0870  Büromöbel und sonstige Geschäftsausstattung
0890  Geringwertige Wirtschaftsgüter (GWG)
0895  GWG-Sammelposten

2000  Rohstoffe
2400  Forderungen aus Lieferungen und Leistungen
2600  Vorsteuer 19%
2604  Einfuhrumsatzsteuer
2800  Bank "Sparkasse Lippstadt"
2880  Kasse

3000  Eigenkapital/Kapital

4250  Verbindlichkeiten aus Bankdarlehen
4400  Verbindlichkeiten Lieferungen und Leistungen
4800  Umsatzsteuer 19%

5000  Erlöse eigene Erzeugnisse
5001  Erlösberichtigung eigene Erzeugnisse
5420  Entnahme von Gegenständen und Leistungen

6000  Aufwendungen Rohstoffe
6001  Bezugskosten Rohstoffe
6002  Nachlässe Rohstoffe
6020  Aufwendungen Hilfsstoffe
6021  Bezugskosten Hilfsstoffe
6022  Nachlässe Hilfsstoffe
6030  Aufwendungen Betriebsstoffe
6031  Bezugskosten Betriebsstoffe
6032  Nachlässe Betriebsstoffe
6080  Aufwendungen Waren
6200  Aufwendungen Löhne

| | |
|---|---|
| 6400 | Sozialversicherungsbeiträge |
| 6520 | Abschreibung auf Sachanlagen |
| 6540 | Abschreibung auf GWG |
| 6541 | Abschreibung auf GWG-Sammelposten |
| 6770 | Rechts- und Beratungskosten |
| 6821 | Bewirtungskosten |
| 6930 | Sonstige betriebliche Aufwendungen |
| 6960 | Periodenfremde Aufwendungen |
| | |
| 7030 | Kfz-Steuer |
| | |
| 8000 | Eröffnungsbilanzkonto |
| 8010 | Schlussbilanzkonto |
| 8020 | Gewinn- und Verlustkonto |
| | |
| 24001 | Forderungen "Frascati S.r.l. (I)" |
| 24002 | Forderungen "Möbel Unger" |
| 24003 | Forderungen "Furniture Dumping" |
| 24004 | Forderungen "Living & More (USA)" |
| | |
| 44001 | Verbindlichkeiten "Naturholz AG" |
| 44002 | Verbindlichkeiten "Molotov RUS" |
| 44003 | Verbindlichkeiten "Osse Schmierstoffe" |
| 44004 | Verbindlichkeiten "Horizont Beschläge" |
| 44005 | Verbindlichkeiten "Joule S.a.r.l. (F)" |
| 44006 | Verbindlichkeiten "Technologie AG" |
| 44007 | Verbindlichkeiten "Koscher GmbH" |
| 44008 | Verbindlichkeiten "Dübelfix GbR" |

# Formular Umsatzsteuer-Voranmeldung 2016

| | | | |
|---|---|---|---|
| 44 | Steuernummer: | | |
| 45 | Übertrag | | |

### Leistungsempfänger als Steuerschuldner
**(§ 13b UStG)**

Bemessungsgrundlage ohne Umsatzsteuer
volle EUR

| Zeile | Beschreibung | Kz | Betrag | Kz | Steuer |
|---|---|---|---|---|---|
| 48 | Steuerpflichtige sonstige Leistungen eines im übrigen Gemeinschaftsgebiet ansässigen Unternehmers (§ 13b Abs. 1 UStG) | 46 | | 47 | |
| 49 | Andere Leistungen eines im Ausland ansässigen Unternehmers (§ 13b Abs. 2 Nr. 1 und 5 Buchst. a UStG) | 52 | | 53 | |
| 50 | Lieferungen sicherungsübereigneter Gegenstände und Umsätze, die unter das GrEStG fallen (§ 13b Abs. 2 Nr. 2 und 3 UStG) | 73 | | 74 | |
| 51 | Lieferungen von Mobilfunkgeräten, Tablet-Computern, Spielekonsolen und integrierten Schaltkreisen (§ 13b Abs. 2 Nr. 10 UStG) | 78 | | 79 | |
| 52 | Andere Leistungen (§ 13b Abs. 2 Nr. 4, 5 Buchst. b, Nr. 6 bis 9 und 11 UStG) | 84 | | 85 | |
| 53 | Steuer infolge Wechsels der Besteuerungsform sowie Nachsteuer auf versteuerte Anzahlungen u. ä. wegen Steuersatzänderungen | | | 65 | |
| 54 | Umsatzsteuer | | | | |

### Abziehbare Vorsteuerbeträge

| Zeile | Beschreibung | Kz | Betrag |
|---|---|---|---|
| 55 | Vorsteuerbeträge aus Rechnungen von anderen Unternehmern (§ 15 Abs. 1 Satz 1 Nr. 1 UStG), | | |
| 56 | aus Leistungen im Sinne des § 13a Abs. 1 Nr. 6 UStG (§ 15 Abs. 1 Satz 1 Nr. 5 UStG) und aus innergemeinschaftlichen Dreiecksgeschäften (§ 25b Abs. 5 UStG) | 66 | |
| 57 | Vorsteuerbeträge aus dem innergemeinschaftlichen Erwerb von Gegenständen (§ 15 Abs. 1 Satz 1 Nr. 3 UStG) | 61 | |
| 58 | Entstandene Einfuhrumsatzsteuer (§ 15 Abs. 1 Satz 1 Nr. 2 UStG) | 62 | |
| 59 | Vorsteuerbeträge aus Leistungen im Sinne des § 13b UStG (§ 15 Abs. 1 Satz 1 Nr. 4 UStG) | 67 | |
| 60 | Vorsteuerbeträge, die nach allgemeinen Durchschnittssätzen berechnet sind (§§ 23 und 23a UStG) | 63 | |
| 61 | Berichtigung des Vorsteuerabzugs (§ 15a UStG) | 64 | |
| 62 | Vorsteuerabzug für innergemeinschaftliche Lieferungen neuer Fahrzeuge außerhalb eines Unternehmens (§ 2a UStG) sowie von Kleinunternehmern im Sinne des § 19 Abs. 1 UStG (§ 15 Abs. 4a UStG) | 59 | |
| 63 | Verbleibender Betrag | | |

### Andere Steuerbeträge

| 64 | In Rechnungen unrichtig oder unberechtigt ausgewiesene Steuerbeträge (§ 14c UStG) sowie Steuerbeträge, die nach § 6a Abs. 4 Satz 2, § 17 Abs. 1 Satz 6, § 25b Abs. 2 UStG oder von einem Auslagerer oder Lagerhalter nach § 13a Abs. 1 Nr. 6 UStG geschuldet werden | | |
| 65 | | 69 | |

### Umsatzsteuer-Vorauszahlung/Überschuss

| 66 | | | |
| 67 | Anrechnung (Abzug) der festgesetzten Sondervorauszahlung für Dauerfristverlängerung (nur auszufüllen in der letzten Voranmeldung des Besteuerungszeitraums, in der Regel Dezember) | 39 | |
| 68 | Verbleibende Umsatzsteuer-Vorauszahlung ................... (bitte in jedem Fall ausfüllen) | 83 | |
| 69 | Verbleibender Überschuss - bitte dem Betrag ein Minuszeichen voranstellen - | | |

## II. Sonstige Angaben und Unterschrift

| 71 | Ein Erstattungsbetrag wird auf das dem Finanzamt benannte Konto überwiesen, soweit der Betrag nicht mit Steuerschulden verrechnet wird. | |
| 72 | Verrechnung des Erstattungsbetrags erwünscht / Erstattungsbetrag ist abgetreten (falls ja, bitte eine „1" eintragen) | 29 |
| 73 | Geben Sie bitte die Verrechnungswünsche auf einem besonderen Blatt an oder auf dem beim Finanzamt erhältlichen Vordruck „Verrechnungsantrag". | |
| 74 | Das SEPA-Lastschriftmandat wird ausnahmsweise (z.B. wegen Verrechnungswünschen) für diesen Voranmeldungszeitraum widerrufen (falls ja, bitte eine „1" eintragen) | 26 |
| 75 | Ein ggf. verbleibender Restbetrag ist gesondert zu entrichten. | |

| 76 | Hinweis nach den Vorschriften der Datenschutzgesetze: | - nur vom Finanzamt auszufüllen - | |
|---|---|---|---|
| 77 | Die mit der Steueranmeldung angeforderten Daten werden auf Grund der §§ 149 ff. der Abgabenordnung und der §§ 18, 18b des Umsatzsteuergesetzes erhoben. Die Angabe der Telefonnummern und der E-Mail-Adressen ist freiwillig. | 11 | 19 |
| 78 | | | 12 |

| 79 | Bei der Anfertigung dieser Steueranmeldung hat mitgewirkt: (Name, Anschrift, Telefon, E-Mail-Adresse) | Bearbeitungshinweis |
| 80 | | 1. Die aufgeführten Daten sind mit Hilfe des geprüften und genehmigten Programms sowie ggf. unter Berücksichtigung der gespeicherten Daten maschinell zu verarbeiten. |
| 81 | | 2. Die weitere Bearbeitung richtet sich nach den Ergebnissen der maschinellen Verarbeitung. |
| 82 | | |
| 83 | | |
| 84 | | Datum, Namenszeichen |
| 85 | | Kontrollzahl und/oder Datenerfassungsvermerk |
| 86 | Datum, Unterschrift | |

# Formular zur Jahres-Umsatzsteuererklärung 2015

**2015**

– Bitte weiße Felder ausfüllen oder ankreuzen, Anleitung beachten –

| Zeile | | |
|---|---|---|
| 1 | An das Finanzamt | Eingangsstempel |
| 2 | Steuernummer | |
| 3 | | |
| 4 | **Umsatzsteuererklärung** | 121 |
| 5 | Berichtigte Steuererklärung (falls ja, bitte eine „1" eintragen) 110 | 50 \| 15 \| 1   99 \| 11 |
| 6 | **A. Allgemeine Angaben** | |
| 7 | Name des Unternehmers | |
| 8 | ggf. abweichender Firmenname | |
| 9 | Art des Unternehmens | |
| 10 | Straße, Haus-Nr. | |
| 11 | PLZ    Ort | |
| 12 | Telefon | |
| 13 | E-Mail-Adresse | |
| 14 | Im Ausland ansässiger Unternehmer (falls ja, bitte eine „1" eintragen) . . . . . . . . . . . . . . . . . . . . . . . . . . . . . . . . . . . . . . . . . . . . . . . . . . . . . . . . . . | 125 |
| 15 | Bitte fügen Sie in diesem Fall auch die Anlage UN bei. | |
| 16 | Dauer der Unternehmereigenschaft (nur ausfüllen, falls nicht vom 1. Januar bis zum 31. Dezember 2015)    vom    bis zum | |
| 17 | 1. Zeitraum . . . . . . . . . . . . . . . . . . . . . . . . . . . . . . . . . . . . . . . . . . . . . . . . . . . . . | |
| 18 | 2. Zeitraum . . . . . . . . . . . . . . . . . . . . . . . . . . . . . . . . . . . . . . . . . . . . . . . . . . . . | |
| 19 | Die Abschlusszahlung ist binnen einem Monat nach der Abgabe der Steuererklärung zu entrichten (§ 18 Abs. 4 UStG). | |
| 20 | Ein Erstattungsbetrag wird auf das dem Finanzamt benannte Konto überwiesen, soweit der Betrag nicht mit Steuerschulden verrechnet wird. | |
| 21 | Verrechnung des Erstattungsbetrages erwünscht / Erstattungsbetrag ist abgetreten (falls ja, bitte eine „1" eintragen) . . . . . . . . . . . . . . . . . . . . . . . . . . . . . . . . . . . . . . . . . . . . . . . . . . . . . . . . . . | 129 |
| 22 | Geben Sie bitte die Verrechnungswünsche auf einem besonderen Blatt an oder auf dem beim Finanzamt erhältlichen Vordruck „Verrechnungsantrag". | |
| 23 | Ein Umsatzsteuerbescheid ergeht nur, wenn von Ihrer Berechnung der Umsatzsteuer abgewichen wird. | |
| 24 | Hinweis nach den Vorschriften der Datenschutzgesetze: Die mit der Steuererklärung angeforderten Daten werden auf Grund der §§ 149, 150 der Abgabenordnung sowie der §§ 18, 18b des Umsatzsteuergesetzes erhoben. Die Angabe der Telefonnummer und der E-Mail-Adresse ist freiwillig. | |
| 25 | | |
| 26 | **Unterschrift** Ich habe dieser Steuererklärung die Anlage UR | Bei der Anfertigung dieser Steuererklärung einschließlich der Anlagen hat mitgewirkt: |
| 27 | beigefügt. | |
| 28 | nicht beigefügt, weil ich darin keine Angaben zu machen hatte. | |
| 29 | | |
| 30 | Datum, eigenhändige Unterschrift des Unternehmers | |

2015USt2A501    - Jun. 2015 -    2015USt2A501

Steuernummer:

| Zeile | B. Angaben zur Besteuerung der Kleinunternehmer (§ 19 Abs. 1 UStG) | | Betrag volle EUR |
|---|---|---|---|
| 31 | Die Zeilen 33 und 34 sind nur auszufüllen, wenn der Umsatz 2014 (zuzüglich Steuer) nicht mehr als 17 500 EUR betragen hat und auf die Anwendung des § 19 Abs. 1 UStG nicht verzichtet worden ist. | | |
| 32 | | | |
| 33 | Umsatz im Kalenderjahr 2014 } | 238 | |
| 34 | Umsatz im Kalenderjahr 2015 (Berechnung nach § 19 Abs. 1 und 3 UStG) | 239 | |
| 35 | | | |

| Zeile | C. Steuerpflichtige Lieferungen, sonstige Leistungen und unentgeltliche Wertabgaben | Bemessungsgrundlage ohne Umsatzsteuer volle EUR | Steuer EUR | Ct |
|---|---|---|---|---|
| 36 | | | | |
| 37 | | | | |
| 38 | **Umsätze zum allgemeinen Steuersatz** Lieferungen und sonstige Leistungen ......... zu 19 % | 177 | | |
| 39 | Unentgeltliche Wertabgaben a) Lieferungen nach § 3 Abs. 1b UStG ......... zu 19 % | 178 | | |
| 40 | b) Sonstige Leistungen nach § 3 Abs. 9a UStG .. zu 19 % | 179 | | |
| 41 | **Umsätze zum ermäßigten Steuersatz** Lieferungen und sonstige Leistungen ......... zu 7 % | 275 | | |
| 42 | Unentgeltliche Wertabgaben a) Lieferungen nach § 3 Abs. 1b UStG ......... zu 7 % | 195 | | |
| 43 | b) Sonstige Leistungen nach § 3 Abs. 9a UStG ... zu 7 % | 196 | | |
| 44 | | | | |
| 45 | Umsätze zu anderen Steuersätzen ......... | 155 | 156 | |
| 46 | | | | |
| 47 | **Umsätze land- und forstwirtschaftlicher Betriebe nach § 24 UStG** | | | |
| 48 | a) Lieferungen in das übrige Gemeinschaftsgebiet an Abnehmer mit USt-IdNr. ................. | 777 | | |
| 49 | b) Steuerpflichtige Lieferungen (einschließlich unentgeltlicher Wertabgaben) von Sägewerkserzeugnissen, die in der Anlage 2 zum UStG nicht aufgeführt sind ...... | 255 | 256 | |
| 50 | c) Steuerpflichtige Umsätze (einschließlich unentgeltlicher Wertabgaben) von Getränken, die in der Anlage 2 zum UStG nicht aufgeführt sind, sowie von alkoholischen | | | |
| 51 | Flüssigkeiten (z.B. Wein) ................. zu 8,3% | 344 | | |
| 52 | Umsätze zu anderen Steuersätzen ............. | 257 | 258 | |
| 53 | d) Übrige steuerpflichtige Umsätze land- und forstwirtschaftlicher Betriebe, für die keine Steuer zu entrichten ist ... | 361 | | |
| 54 | | | | |
| 55 | **Steuer infolge Wechsels der Besteuerungsform:** Nachsteuer/Anrechnung der Steuer, die auf bereits versteuerte Anzahlungen entfällt (im Falle der Anrechnung | | | |
| 56 | bitte auch Zeile 57 ausfüllen) ................. | | 317 | |
| 57 | Betrag der Anzahlungen, für die die anzurechnende Steuer in Zeile 56 angegeben worden ist ............. | 367 | | |
| 58 | Nachsteuer auf versteuerte Anzahlungen u.ä. wegen **Steuersatzänderung** ................. | | 319 | |
| 59 | | | | |
| 60 | Summe ............. (zu übertragen in Zeile 92) | | | |

2015USt2A502          2015USt2A502

Steuernummer:

| Zeile | D. Abziehbare Vorsteuerbeträge (ohne die Berichtigung nach § 15a UStG) | EUR | Steuer Ct |
|---|---|---|---|
| 61 | | | |
| 62 | Vorsteuerbeträge aus Rechnungen von anderen Unternehmern (§ 15 Abs. 1 Satz 1 Nr. 1 UStG) ... | 326 | |
| 63 | Vorsteuerbeträge aus innergemeinschaftlichen Erwerben von Gegenständen (§ 15 Abs. 1 Satz 1 Nr. 3 UStG) .................................................. | 761 | |
| 64 | Entstandene Einfuhrumsatzsteuer (§ 15 Abs. 1 Satz 1 Nr. 2 UStG) ................. | 762 | |
| 65 | Vorsteuerabzug für die Steuer, die der Abnehmer als Auslagerer nach § 13a Abs. 1 Nr. 6 UStG schuldet (§ 15 Abs. 1 Satz 1 Nr. 5 UStG) ....................................... | 466 | |
| 66 | Vorsteuerbeträge aus Leistungen im Sinne des § 13b UStG (§ 15 Abs. 1 Satz 1 Nr. 4 UStG) ..... | 467 | |
| 67 | Vorsteuerbeträge, die nach den allgemeinen Durchschnittssätzen berechnet sind (§ 23 UStG) .... | 333 | |
| 68 | Vorsteuerbeträge nach dem Durchschnittssatz für bestimmte Körperschaften, Personenvereinigungen und Vermögensmassen (§ 23a UStG) ............................. | 334 | |
| 69 | Vorsteuerabzug für innergemeinschaftliche Lieferungen neuer Fahrzeuge außerhalb eines Unternehmens (§ 2a UStG) sowie von Kleinunternehmern i.S.d. § 19 Abs. 1 UStG (§ 15 Abs. 4a UStG) .. | 759 | |
| 70 | Vorsteuerbeträge aus innergemeinschaftlichen Dreiecksgeschäften (§ 25b Abs. 5 UStG) ........ | 760 | |
| 71 | Summe .............................................. (zu übertragen in Zeile 99) | | |

| Zeile | E. Berichtigung des Vorsteuerabzugs (§ 15a UStG) | | |
|---|---|---|---|
| 72 | Sind im Kalenderjahr 2015 Grundstücke, Grundstücksteile, Gebäude oder Gebäudeteile, für die Vorsteuer abgezogen worden ist, erstmals tatsächlich verwendet worden? | | |
| 73 | Falls ja, bitte eine „1" eintragen ........................................ | 370 | |
| 74 | (Geben Sie bitte auf besonderem Blatt für jedes Grundstück oder Gebäude gesondert an: Lage, Zeitpunkt der erstmaligen tatsächlichen Verwendung, Art und Umfang der Verwendung im Erstjahr, insgesamt angefallene Vorsteuer, in den Vorjahren - Investitionsphase - bereits abgezogene Vorsteuer) | | |
| 75 | Haben sich im Jahr 2015 die für den ursprünglichen Vorsteuerabzug maßgebenden Verhältnisse geändert bei | | |
| 76 | 1. Grundstücken, Grundstücksteilen, Gebäuden oder Gebäudeteilen, die innerhalb der letzten 10 Jahre erstmals tatsächlich und nicht nur einmalig zur Ausführung von Umsätzen verwendet worden sind? Falls ja, bitte eine „1" eintragen ............... | 371 | |
| 77 | 2. anderen Wirtschaftsgütern und sonstigen Leistungen, die innerhalb der letzten 5 Jahre erstmals tatsächlich und nicht nur einmalig zur Ausführung von Umsätzen verwendet worden sind? Falls ja, bitte eine „1" eintragen ............... | 372 | |
| 78 | 3. Wirtschaftsgütern und sonstigen Leistungen, die nur einmalig zur Ausführung von Umsätzen verwendet worden sind? Falls ja, bitte eine „1" eintragen ............ | 369 | |
| 79 | Die Verhältnisse, die ursprünglich für die Beurteilung des Vorsteuerabzugs maßgebend waren, haben sich seitdem geändert durch | | |
| 80 | ☐ Veräußerung ☐ Lieferung i.S. des § 3 Abs. 1b UStG ☐ Wechsel der Besteuerungsform, § 15a Abs. 7 UStG | | |
| 81 | ☐ Nutzungsänderung, und zwar | | |
| 82 | Übergang von steuerpflichtiger zu steuerfreier Vermietung oder umgekehrt bzw. Änderung des Verwendungsschlüssels bei gemischt genutzten Grundstücken (insbesondere bei Mieterwechsel) | | |
| 83 | steuerfreie Vermietung bisher eigengewerblich genutzter Räume oder umgekehrt; Übergang von einer Vermietung für NATO- oder ähnliche Zwecke zu einer nach § 4 Nr. 12 UStG steuerfreien Vermietung | | |
| 84 | | | |

| Zeile | Vorsteuerberichtigungsbeträge | nachträglich abziehbar EUR | Ct | zurückzuzahlen EUR | Ct |
|---|---|---|---|---|---|
| 85 | | | | | |
| 86 | zu 1. (Grundstücke usw., § 15a Abs. 1 Satz 2 UStG) .. | | | | |
| 87 | zu 2. (andere Wirtschaftsgüter usw., § 15a Abs. 1 Satz 1 UStG) ........................... | | | | |
| 88 | zu 3. (Wirtschaftsgüter usw., § 15a Abs. 2 UStG) .... | | | | |
| 89 | Summe ........................ | 357 | | 359 | |
| 90 | | zu übertragen in Zeile 100 | | zu übertragen in Zeile 97 | |

2015USt2A503        2015USt2A503

Steuernummer:

## F. Berechnung der zu entrichtenden Umsatzsteuer

| Zeile | | EUR | Steuer Ct |
|---|---|---|---|
| 91 | | | |
| 92 | Umsatzsteuer auf steuerpflichtige Lieferungen, sonstige Leistungen und unentgeltliche Wertabgaben ............................... (aus Zeile 60) | | |
| 93 | Umsatzsteuer auf innergemeinschaftliche Erwerbe ............ (aus Zeile 13 der Anlage UR) | | |
| 94 | Umsatzsteuer, die vom letzten Abnehmer im innergemeinschaftlichen Dreiecksgeschäft geschuldet wird (§ 25b Abs. 2 UStG) .......... (aus Zeile 20 der Anlage UR) | | |
| 95 | Umsatzsteuer, die vom Leistungsempfänger nach § 13b UStG geschuldet wird ................................... (aus Zeile 27 der Anlage UR) | | |
| 96 | Umsatzsteuer, die vom Auslagerer oder Lagerhalter geschuldet wird (§ 13a Abs. 1 Nr. 6 UStG) ........................... (aus Zeile 30 der Anlage UR) | | |
| 97 | Vorsteuerbeträge, die auf Grund des § 15a UStG zurückzuzahlen sind .......... (aus Zeile 89) | | |
| 98 | Zwischensumme ................................................. | | |
| 99 | Abziehbare Vorsteuerbeträge ................................ (aus Zeile 71) | | |
| 100 | Vorsteuerbeträge, die auf Grund des § 15a UStG nachträglich abziehbar sind ..... (aus Zeile 89) | | |
| 101 | Verbleibender Betrag ............................................ | | |
| 102 | In Rechnungen unrichtig oder unberechtigt ausgewiesene Steuerbeträge (§ 14c UStG) sowie Steuerbeträge, die nach § 6a Abs. 4 Satz 2 UStG geschuldet werden .................. | 318 | |
| 103 | Steuerbeträge, die nach § 17 Abs. 1 Satz 6 UStG geschuldet werden ............. | 331 | |
| 104 | Steuer-, Vorsteuer- und Kürzungsbeträge, die auf frühere Besteuerungszeiträume entfallen (nur für Kleinunternehmer, die § 19 Abs. 1 UStG anwenden) .................. | 391 | |
| 105 | Umsatzsteuer Überschuss - bitte dem Betrag ein Minuszeichen voranstellen ............. | | |
| 106 | Anrechenbare Beträge ................................. (aus Zeile 22 der Anlage UN) | | |
| 107 | Verbleibende Umsatzsteuer (bitte in jedem Fall ausfüllen) Verbleibender Überschuss – bitte dem Betrag ein Minuszeichen voranstellen - ............... | 816 | |
| 108 | Vorauszahlungssoll 2015 (einschließlich Sondervorauszahlung) ...................... | | |
| 109 | Noch an die Finanzkasse zu entrichten - Abschlusszahlung - (bitte in jedem Fall ausfüllen) Erstattungsanspruch – bitte dem Betrag ein Minuszeichen voranstellen – | 820 | |
| 110 | | | |
| 111 | | | |
| 112 | | | |
| 113 | | | |

### Bearbeitungshinweis

115. 1. Die aufgeführten Daten sind mit Hilfe des geprüften und genehmigten Programms sowie ggf. unter Berücksichtigung der gespeicherten Daten maschinell zu verarbeiten.

116. 2. Die weitere Bearbeitung richtet sich nach den Ergebnissen der maschinellen Verarbeitung.

Kontrollzahl und/oder Datenerfassungsvermerk

2015USt2A504                2015USt2A504

# Index/Stichwortverzeichnis

| | | | |
|---|---|---|---|
| Abbuchungsauftrag. | 91 | Anlagendeckung II. | 142 |
| Abgabenordnung | 11 | Anlagevermögen | 25, 26, 30, 111, 149 |
| Abrechnungsperiode | 79, 80 | Anschaffungs- und Herstellungskosten | 112 |
| Abschreibung nach Leistungseinheiten | 125 | Anschaffungskosten | 79, 115, 127 |
| Abschreibung. | 116, 121 | Auflösung der Bilanz | 35 |
| Abschreibungsmethoden | 120 | Auftragsbezogenen fixen Kosten | 228 |
| Abschreibungstabelle | 116 | Aufwandsgleiche Kosten | 161, 169 |
| Absetzung für Abnutzung | 116, 125 | Aufwandsorientiert | 47 |
| AfA | 116, 120, 124 | Aufwendungen | 45 |
| Aktiengesetz | 12 | Ausfuhrlieferung | 58 |
| Aktiv-/Passiv-Mehrung | 111 | Ausgangsrechnungen | 60 |
| Aktiva | 30 | Außerordentliche Aufwendungen | 167 |
| Aktivierung | 114 | Außerordentliche Erträge | 165 |
| Aktivkonten | 35 | Bar-Verkaufspreis | 147 |
| Aktiv-Passiv-Mehrung | 31 | Bemessungsgrundlage | 56 |
| Aktiv-Passiv-Minderung | 31 | BEP | 227 |
| Aktiv-Tausch | 31 | Beschäftigung | 185, 186, 187, 188, 189, 191, 226, 230, 231, 232 |
| Anderskosten | 175, 181, 202 | Beständewagnis | 179 |
| Anfangsbestand | 44, 49 | Bestandsaufnahme | 23 |
| Anlagenbuchhaltung | 19 | Bestandsmehrung | 51 |
| Anlagendeckung I. | 140 | | |

| | | | |
|---|---|---|---|
| Bestandsminderung | 51 | Bruttomethode | 48 |
| Bestandsorientiert | 47 | Buchführungspflicht | 16 |
| Bestandsorientierte Buchung | 47 | Buchinventur | 23 |
| Bestandsveränderungen | 161 | Deckungsbeitragsrechnung | 225 |
| Betriebsabrechnungsbogens | 185, 194, 214, 224 | Definition | 10 |
| Betriebsbereit | 113 | Degressive Abschreibung | 122 |
| Betriebsergebnis | 182, 185, 235, 236, 237 | Degressiver Kostenverlauf | 187 |
| | | Die Handelskalkulation | 145 |
| Betriebsnotwendige Fläche | 176 | Die Rechnungskreise I. und II. | 157 |
| Betriebsstunden | 125 | Differenzkalkulation | 218 |
| Betriebsübliche Nutzungsdauer | 175 | Doppelte Buchführung | 34 |
| Bezugskosten | 79 | Doppik | 34 |
| Bezugskostenkonto | 80 | Drittland | 55, 58 |
| Bezugspreis | 146 | Durchlaufende Posten | 58 |
| Bilanz | 16, 30, 149 | Eigen- und Fremdbelege | 22 |
| Bilanzkennziffern | 136 | Eigenkapital | 26, 28, 30, 45, 150 |
| Bilanzstichtag | 24 | Eigenkapitalquote | 139 |
| Bilanzsumme | 33 | Eigenkapitalrentabilität | 137 |
| Bilanzveränderung | 31 | Einfuhr | 64 |
| Bilden von Buchungssätzen | 38 | Einfuhrumsatzsteuer | 63 |
| Boni | 82, 103, 106 | Einlagen | 28, 29 |
| Break-even-Point | 227 | Einzelkosten | 184 |

| | | | |
|---|---|---|---|
| Einzelunternehmung | 15 | Finanzierungsvorteil | 93 |
| Endgültige AHK | 115 | Fixe Kosten | 186 |
| Entgelt | 52, 53, 54 | Fixe Gesamtkosten | 226 |
| Entnahmen | 28, 29, 73 | Fixe Stückkosten | 186 |
| Erfolgskonten | 45 | Forderungswagnisse | 179 |
| Ergebnistabelle | 159 | Fremdkapitalquote | 138 |
| Erinnerungswert | 122 | GbR | 15 |
| Erlösberichtigung | 103 | Geldforderungen und Wertpapiere | 58 |
| Erlöse | 50 | Gemeinkosten | 184, 195 |
| Eröffnungsbilanzkonto | 44 | Gemeinkosten-Zuschlagsätze | 210 |
| Ersatzlieferung | 98 | Geringwertige Wirtschaftsgüter | 126 |
| Erträge | 46 | Gesamtdeckungsbeitrag | 226 |
| Erträge aus anderen Finanzanlagen | 164 | Gesamtergebnis | 160 |
| | | Gewinn- und Verlustkonto | 48, 116 |
| Ertragskonten | 45 | Gewinnerzielung | 45 |
| Europäischer Wirtschaftsraum | 66 | Gewinnoptimales Produktionsprogramm | 234 |
| Externes Rechnungswesen | 154 | | |
| Externe Belege | 22 | Gewinnoptimierung | 234 |
| Fertigungseinzelkosten | 212 | Gewinnzuschlag | 147 |
| Fertigungsgemeinkosten | 212 | Gliederung der Bilanz | 31 |
| Fertigungsgemeinkosten-Zuschlagsatzes | 212 | GmbH | 13 |
| | | GmbH – Gesetz | 11 |
| Finanzbuchhaltung | 10 | | |

| | |
|---|---|
| GmbH & Co. KG | 14 |
| GoB | 12 |
| Grundbuch | 18, 40, 41 |
| Grundkosten | 161, 162, 180, 202 |
| Grundsätze ordnungsgemäßer Buchführung | 12, 20 |
| Handelsgesetzbuch | 16 |
| Handling | 147 |
| Hauptbuch | 18 |
| Hauptkostenstelle Fertigung | 192 |
| Hauptkostenstelle Material | 192 |
| Hauptkostenstelle Vertrieb | 193 |
| Hauptkostenstelle Verwaltung | 192 |
| Herstellungskosten | 112, 114 |
| Hilfskostenstellen | 191 |
| IKR | 50 |
| Import | 63 |
| Inland | 52, 53 |
| Innergemeinschaftlicher Handel | 66 |
| Internse Rechnungswesen | 154 |
| Interne Belege | 22 |
| Just-in-time-Buchung | 48 |
| Inventar | 25 |
| Ist-Zuschlagsätze | 224 |
| Jahresabschreibung | 118 |
| Journal | 18 |
| Kalkulation der Verkaufspreise | 214 |
| Kalkulatorische Abschreibung | 174 |
| Kalkulatorische Miete | 204 |
| Kalkulatorische Miete | 176 |
| Kalkulatorische Wagnisse | 178 |
| Kalkulatorische Abschreibung | 203 |
| Kalkulatorischer Unternehmerlohn | 177, 205 |
| Kalkulatorische Zinsen | 171, 203 |
| Kapazität | 185 |
| Kapazitätsgrenze | 185 |
| Kommanditgesellschaft | 13 |
| Kontenabschluss | 36 |
| Kontenform | 30 |
| Kontokorrentbuchhaltung | 19 |
| Körperliche Inventur | 23 |
| Kostenartenrechnung | 183 |
| Kostenrechnerische Korrekturen | 168, 177 |

| | | | |
|---|---|---|---|
| Kostenstellenrechnung | 191 | Nebenbücher | 19 |
| Kostenüberdeckung | 224 | Nettomethode | 48 |
| Kostenunterdeckung | 224 | Neutrale Ergebnis | 168 |
| Kreditgewährung | 58 | Neutrale Aufwendungen | 166 |
| Kunden-Rabatt | 147 | Neutralen Erträge | 162 |
| Kunden-Skonti | 147 | Nichtkörperlich | 23 |
| Kurzfristige Preisuntergrenze | 232 | Normalzuschlagsätze | 223 |
| Lagerwirtschaft | 19 | Nutzungsdauer | 117 |
| Langfristige Preisuntergrenze | 233 | OHG | 14 |
| Leistungen | 156 | Ortsüblicher Mietzins | 176 |
| Lineare Abschreibung | 121 | Passiva | 30 |
| Liquidität 1. Grades | 142 | Passivkonten | 36 |
| Liquidität 2. Grades | 143 | Passiv-Tausch | 31 |
| Listen-Einkaufspreis | 146 | Paypal | 90 |
| Listen-VK | 148 | Penner | 234 |
| Marktübliches Gehalt | 177 | Periodenfremde Erträge | 163 |
| Materialgemeinkosten-Zuschlagsatz | 211 | Permanente Inventur | 24 |
| | | Planung | 10 |
| Maximalkapazität | 234 | Postdienste | 58 |
| Mischkosten | 189 | | |
| | | Preisgestaltung | 155 |
| Nachlässe | 82, 83, 103, 114 | Preisuntergrenzen | 232 |
| Nachträgliche Rabatte | 82, 103, 106 | Privatentnahme | 73 |

| | | | |
|---|---|---|---|
| Privatnutzung | 75 | Überleitung | 160 |
| Publikationsgesetz | 12 | Überproportionaler Kostenanstieg | 190 |
| Rechtsvorschriften | 11 | Umlaufvermögen | 26, 30, 150 |
| Reinvermögen | 26, 28 | Umsatzrentabilität | 144 |
| Rücksendung | 96 | Umsatzsteuer | 52, 60, 73 |
| Rückstellungen | 151 | Umsatzsteuerfrei | 58 |
| Sachkonten | 41 | Umsatzsteuergesetz | 11, 52 |
| Schlussbilanzkonto | 44 | Umsatzsteuer-Identnummer | 66, 71 |
| Selbstkosten | 155, 218, 219, 220 | Umsatzsteuerpflichtig | 52, 53 |
| SEPA-Lastschriftverfahren | 91 | Umsatzsteuervoranmeldung | 59 |
| Skonti | 82, 90, 103, 106 | Unternehmensbezogene Abgrenzung | 168 |
| Skontoabzug | 93, 148 | | |
| Skontofristen berechnen | 92 | Unternehmenserfolg | 34 |
| Sofortrabatte | 82, 103 | Unternehmensformen | 12 |
| Sofortzahlung | 90 | Variable Stückkosten | 226 |
| Sondereinzelkosten | 184 | Vereinfachungsregel | 127 |
| Spekulationsverluste | 168 | Verlegte Inventur | 24 |
| Sprungfixe Kosten | 188 | Verluste aus dem Abgang von Anlagevermögen | 168 |
| Statistik | 10 | | |
| Steuerrückstellungen | 151 | Vermietung und Verpachtung | 58 |
| Steuersätze | 57 | Vermögensteile | 23 |
| Stichprobeninventur | 25 | Voranmeldungszeitraum | 62 |

| | | | |
|---|---|---|---|
| Vorkasse | 90 | Werteverzehr | 116 |
| Vorsteuer | 61 | Wertverlust | 116 |
| Vorsteuerüberhang | 62 | Wiederbeschaffungskosten | 174 |
| Vorwärtskalkulation | 214 | Wirtschaftlichkeit | 182 |
| Wagnis aus Forschung und Entwicklung | 179 | Wirtschaftlichkeit von Zusatzaufträgen | 233 |
| Wagnis aus Wechselkursversprechen | 179 | Zahllast | 62 |
| | | Zahlungsarten | 90 |
| Wahlrecht | 129 | Zahlungsziel | 90, 148 |
| Wareneingang | 49 | Zinsaufwand | 169 |
| Wareneinsatz | 51 | Zinsbelastung | 94 |
| Warenverkauf | 50 | Zinserträge | 164 |
| Wertegrenzen | 126 | Zusammengesetztre Buchungssatz | 42 |
| Werteveränderungen | 31 | Zusatzkosten | 171, 177, 181, 202 |

**Über das Buch**

Der Inhalt dieses Buches ist auf die Lernfelder 6 + 10 des Prüfungskatalogs der Industrie- und Handelskammer für das Berufsbild „Kauffrau/Kaufmann für Büromanagement" abgestimmt. Dem Leser werden sämtliche Lerninhalte vermittelt, die zum einen eine gute Basis für das Bestehen der schriftlichen Prüfung sind. Zum anderen bildet der behandelte Stoff einen adäquaten Grundstock für die Arbeit im Rechnungswesen.

**Über den Autor**

Wolf-Dieter Schellin (*1964) ist gelernter Industriekaufmann mit berufsbegleitenden Fortbildungen unter anderem zum Ausbilder (AdA) und zum Bilanzbuchhalter (IHK). Seit 1987 ist er im Bereich des betrieblichen Rechnungswesens tätig. Im Jahr 2009 nahm der Autor seine Arbeit in der Erwachsenenbildung auf. Er ist zudem Mitglied im Prüfungsausschuss für Kaufleute für Büromanagement der Industrie- und Handelskammer. Im Selbstverlag erschienen bereits weitere Fachbücher.

**Hilfreiche Links**

Alle abgebildeten **Belege und Rechnungen** finden Sie großformatig und in Farbe unter www.fantastic-german-furniture.jimdo.com.

**Aktuelle Gesetzestexte** sind unter www.gesetzte-im-internet.de verfügbar.

Für **weitere Information** und **Lernmaterial,** sowie einen Link zu den vom Autor angebotenen **Schulungen** rufen Sie bitte die Homepage www.kbm.education auf.

**Buchen Sie meine Webinare!**

Ich biete in Zusammenarbeit mit der Lern-Plattform *edudip.com* Webinare aus dem Bereich des Rechnungswesens an.

Informieren Sie sich auf der Webseite **www.edudip.com/academy/wolf-dieter.schellin** über die nächsten Seminartermine. Sie werden feststellen, dass die Gebühren sehr moderat gehalten sind und Sie aus einer großen Zahl an Einzelseminaren auswählen können. Zum Beispiel:

- Entgeltabrechnung
- Buchen von Skontoabzug
- Nachlässe im Einkaufs- und im Verkaufsbereich
- Begriffe der Kosten- und Leistungsrechnung
- Ergebnistabelle
- Betriebsabrechnungsbogen
- Gemeinkostenzuschlagssätze
- Kalkulation der Selbstkosten
- …

Die Webinar-Folge ist wie ein *Circle-Training* angelegt. Hat man einen Termin verpasst, kann man ein paar Wochen später am nächsten Webinar teilnehmen.

➔ *www.edudip.com* ➔ *Startseite* ➔ *Suchfeld* ➔ *„schellin"*

Mein Buch "Kosten- und Leistungsrechnung" ist im Januar 2016 erschienen und widmet sich ausschließlich der KLR.

Paperback, 124 Seiten
**ISBN 978-3739218472**
ab € 8,99

Seit Januar 2016 ist dieses Buch im internationalen Buchhandel erhältlich. Die Grundlagen des deutschen Buchführungssystems werden hier in englischer Sprache vermittelt. Ein Buch, das auch für deutsche Muttersprachler von Interesse ist.

Paperback, 168 Seiten
**ISBN 978-3732366767**
ab € 12,99

# Bildnachweis

| | |
|---|---|
| Seite 11 | geralt/pixabay.com |
| Seite 12 | leestilltaolcom/pixabay.com |
| Seite 13 | jaymethunt/pixabay.com |
| Seite 15 | Wolf-Dieter Schellin |
| Seite 18 | Hermann/pixabay.com |
| Seite 19 | Bilderandy/pixabay.com |
| Seite 22 | stevepb/pixabay.com |
| Seite 23 | PublicDomainPictures/pixabay.com |
| Seite 35 | jackmac/pixabay.com |
| Seite 47 | Iwona_Olczyk/pixabay.com |
| Seite 56 | Antranias/pixabay.com |
| Seite 63 | YvonneH/pixabay.com |
| Seite 66 | Tappancs/pixabay.com |
| Seite 68 | myrhome/pixabay.com |
| Seite 75 | TBIT/pixabay.com |
| Seite 77 | Skitterphoto/pixabay.com |
| Seite 79 | skeeze/pixabay.com |
| Seite 91 | Stevepb/pixabay.com |
| Seite 111 | Life-Of-Pix/pixabay.com |
| Seite 120 | BarryHardman/Pixabay.com |
| Seite 126 | stevepb/pixabay.com |
| Seite 127 | markusspiske/pixabay.com |
| Seite 128 | unsplash/pixabay.com |
| Seite 154 | antmoreton/pixabay.com |
| Seite 156 | BenKerckx/pixabay.com |
| Seite 157 | Wolf-Dieter Schellin |
| Seite 164 | kropekk_pl/pixabay.com |
| Seite 167 | Cunselling/pixabay.com |
| Seite 169 | DasWortgewand/pixabay.com |
| Seite 175 | PublicDomainPictures/pixabay.com |
| Seite 176 | Foto-Rabe/pixabay.com |
| Seite 179 | geralt/pixabay.com |
| Seite 184 | blickpixel/pixabay.com |
| Seite 192 | topview/pixabay.com |
| Seite 193 | seografika/pixabay.com |